中　国　工　会　创　新　工　作　法

“三个三”工作法

以劳动竞赛促进企业高质量发展

中国石油长庆油田分公司工会 ——— 编著

中国工人出版社

出版说明

改革创新是时代发展的最强音，也是工运事业蓬勃发展的不竭动力。习近平总书记高度重视工会改革创新，强调要继续深化工会改革和建设，牢固树立大抓基层的鲜明导向，夯实基层基础，激发基层活力，不断增强基层工会的引领力、组织力、服务力。

为深入学习宣传贯彻习近平总书记重要讲话精神，推动中国工会十八大部署落地落实，促进工会工作品牌化和创新化建设，中华全国总工会策划出版“中国工会创新工作法”丛书，推出一批反映工会工作创新的典型工作法，提炼可复制、可推广的工会改革创新经典案例，集中展示中国工会改革创新实践。

从书收入的工会创新工作法，是各级工会坚持问题导向、目标导向，加强工会工作理念创新和方式方法创新的优秀代表。提炼这些工会创新工作法，既是工会组织将经过实践检验的工作经验提升到方法论层面的有益尝试，也可以为其他领域工作开展提供经验参考，推动各级工会进一步加强实践创新、理论创新和制度创新，不断绘就中国工会改革创新的新图景。

在出版丛书的同时，中国工人出版社还运用数字化手段，配套开发了工作法视频课程，开辟了线上学习专区，借助学习平台促进工会创新工作法直达广大工会干部。希望丛书的出版能为工会工作创新搭建一个交流平台，促进更多工会创新工作法的产生，共同推动工会工作高质量发展。

目录

引 言

长庆油田成立于1970年，是中国石油的地区分公司，主营鄂尔多斯盆地资源勘探、油气开发、新能源三大业务，工作区域横跨陕甘宁蒙四省（区），总部位于陕西省西安市，现有员工6.5万人，是我国油气当量最大的油气田企业，占国内油气总产量的六分之一。

2009年，习近平同志视察长庆油田，作出“创和谐典范、建西部大庆”重要指示。长庆油田牢记嘱托，组织了为期三年的建设“西部大庆”劳动竞赛，通过总目标统揽、跨区域联合、分项目推进、聚焦式攻坚的劳动竞赛协助机制，逐步形成了“三个三”工作法的雏形，并于2013年突破了5000万吨油气当量，建成了“西部大庆”，2020年突破6000万吨，2022年突破

6500 万吨。

“三个三”工作法是不同历史阶段经验总结和传承的成果，回答了新时代要坚持和开展什么样的劳动竞赛以及怎样坚持开展劳动竞赛。多年来，通过在实践中不断完善、提升和创新，在竞赛模式上开展企地联动、区域联动、优势联动，在开展形式上与员工培训相结合、与创新创效相结合、与竞赛文化感召相结合，在组织保障上强化竞赛过程管控、注重竞赛氛围营造、加大竞赛先进选树，破解了基础薄弱、资源难啃、油气分散、环境多变等诸多难题，用实际行动推动“能源的饭碗必须端在自己手里”指示精神落实落地。

第一章

新时代开展劳动竞赛的形势要求

习近平总书记多次就工人阶级和工会工作发表重要讲话、作出重要指示，形成了习近平总书记关于工人阶级和工会工作的重要论述，明确提出："劳动和技能竞赛是工会的传统优势和工作品牌，新时代要注入新内涵。"全国总工会发布的《劳动和技能竞赛规划（2021—2025年）》中也明确提出"劳动和技能竞赛要紧扣坚持创新核心地位引导职工参与科技创新，大幅提高创新成果转移转化成效，紧扣激发人才创新活力提升职工技能水平"，中国工会十八大报告提出，广泛深入持久开展劳动和技能竞赛。围绕国家重大战略、重大工程、重大项目、重点产业，以技术创新为导向，深入开展"建功'十四五'、奋进新征程"主题劳动和技能竞赛，探索新产业新业态竞赛活动新形式，打造影响力大、引领力强的竞赛品牌。这为开展新时代劳动和技能竞赛工作指明了方向，要求劳动和技能竞赛更加聚焦国家重大战略部署，以创新为灵魂，以提高劳动者素质为根本任务，服务大局、服务企业、服务职工，拓展劳动和技能竞赛的价值和生命力。创新劳动和技能竞赛对于凝聚企业高质量发展的强大合力，调动广大职工的积极性，引导广大职工提高自我能动性，更好地发挥桥梁纽带作用具有重要意义。

一、新时代赋予国有企业的新使命

开展劳动和技能竞赛有利于贯彻落实习近平新时代中国特色社会主义思想。党的二十大报告强调，“深入推进能源革命”、“确保能源安全”。能源是工业的粮食、国民经济的命脉，关系人类生存和发展，攸关国计民生和国家安全。随着百年变局加速演进，兜住重要能源国内生产自给的战略底线，有效保障国家能源安全，是能源强国建设的必然要求。只有把能源的饭碗端在自己手里，才能把握未来发展主动权，守住新发展格局的安全底线。因此，面对罕见的“低渗、低压、低丰度”油气藏，长庆石油人必须坚决贯彻习近平总书记对中国石油作出的重要指示批示精神，牢记嘱托、风雨兼程、砥砺前行，坚持把创新摆在核心位置，拿起“解放思想、实事求是”的理论武器，在劳动和技能竞赛方式方法上求新、求变、求突破，把劳动和技能竞赛的创新优势转变为竞争优势和发展优势，推动新型工业化转型，优化科技创新机制，深化延伸创新领域，实现高水平科技自立自强，奋力打造国家低渗透油气田科技创新高地，走出一条质量更高、结构更优、动力更足、效益更好的发展之路。

开展劳动和技能竞赛有利于充分发挥工人阶级主力军作用。当前，我们迈上了全面建设社会主义现代化国家的新征程，为实现中华民族伟大复兴的中国梦而奋斗，是新征程上我国工人运动不变的时代主题。劳动和技能竞赛是调动企业劳动者的积极性、提高企业生产效率和加强经营管理的一项有效措施，开展劳动和技能竞赛是建设高素质劳动大军、发挥职工主力军作用的重要举措。伴随市场机制在企业资源配置中的效用和价值不断显现，价值需求与思维意识的多样性，使得企业员工物质精神追求也呈现多元化态势。我国工人阶级从来都有走在前列、勇挑重担的光荣传统，我国工人运动从来都同党的中心任务紧密联系在一起，工会组织应贯彻落实党中央号召，动员职工积极投身“当好主人翁”的劳动和技能竞赛活动中，加快经济技术工作发展速度，将劳动和技能竞赛构建成企业职工充分发挥自身创造热情与施展才智的平台，对于竞赛中的先进企业与个人给予相应奖励，提高企业开展劳动和技能竞赛的热情，使员工与企业真正实现共建共享，这对发挥工人阶级主力军作用，大力弘扬劳模精神、劳动精神、工匠精神，提高职工幸福感具有重大意义。

开展劳动和技能竞赛有利于发挥工会组织的桥梁纽带作用。随着时代发展，劳动和技能竞赛的组织者逐渐从机关事业单位、国企向非公企业拓展，大量新生社会组织、新就业形态不断涌现，包括工会自身组织体系的变革都给劳动和技能竞赛原有的组织形式带来了挑战。新时代、新思想、新任务要求工会组织要有新思路和新作为，创新劳动和技能竞赛将更好地把目标导向、问题导向、效果导向贯通起来，有效推进竞赛组织机制、服务机制，夯实基层基础，切实把工会组织建设得更加充满活力、更加坚强有力，不断创新劳动和技能竞赛的内容形式，充分调动职工的积极性、主动性和创造性。通过深入调研开展适宜本企业的劳动竞赛活动，将不断提高职工素质、推动企业进步、促进经济发展，对深化工会改革和建设，有效发挥桥梁纽带作用具有重大意义。

二、推进劳动和技能竞赛的新要求

面对世界百年未有之大变局，双循环格局为高质量发展注入新动力，企业的组织结构、经营方式、管理手段、追求目标等方面正在发生深刻变革，对传统的劳动和技能竞赛工作思路、活动内容和方式方法也提出了新挑战。基于市场经济发展背景，企业追求经济效益最大化，员工谋取劳动报酬最高化，这既是企业发展进步的内在需求，又是经济社会发展不可缺少的源动力。步入新时代，为适应日益多元化的社会发展需求，提升行业生产水平和生产效率，各个行业、企业工会相继组织开展了主题多元、形式多样、全员参与的劳动和技能竞赛，推动了企业发展和个人发展的有机融合和相互促进。并且，企业同职工利益提升均由企业盈利与发展决定，开展合理有效的劳动和技能竞赛，有利于推动企业效率与人员素养提升，强化企业整体盈利能力，这既是保证企业与职工实现共赢的最佳举措，也是确保劳资关系和谐的主要途径。

2009 年，习近平同志视察长庆油田，作出“创和谐典范、建西部大庆”重要指示，长庆油田组织了为期三年的建设“西部大庆”劳动竞赛，通过总目标统揽、跨区域联合、分项目推进、聚焦式攻坚的劳动竞赛协助机制，逐步形成了“三个三”工作法的雏形，至今在劳动和技能竞赛创新实践的道路上已坚持了十余年。从长期实践效果来看，“三个三”工作法已在企业内部形成常态化的制度和机制并在稳定运行，助推竞赛规模由小到大，竞赛范围从局部到全局，工作机制从初步探索到优化完善的进阶，逐步实现了由“搞会战”到“科技创新引领发展”，由“人拉肩扛”到“智慧油田”建设，由“点多线长面广”到“要素集中化”的转变。劳动和技能竞赛已成为长庆油田工会服务中心工作、服务发展大局的有力抓手和重要载体，充分彰显了对时代脉搏、社会主义劳动竞赛本质特征的深刻认识和把握，展现了可信、可爱、可敬的长庆职工形象，有效加强了工会与职工的密切关系，提升了职工对工会的认可度、信任感和依赖感。

第二章

“三个三”工作法的历史演进

一、劳动和技能竞赛的缘起和发展

党的十八大以来，全国总工会下发了《关于围绕国家重大战略开展全国引领性劳动和技能竞赛的通知》，动员组织职工广泛开展多种形式的劳动和技能竞赛活动。中共中央办公厅、国务院办公厅印发了《关于加强新时代高技能人才队伍建设的意见》，人力资源和社会保障部等七部门印发了《关于实施高技能领军人才培育计划的通知》，全国总工会及国务院国有资产监督管理委员会党委印发了《关于充分发挥国有企业在推进产业工人队伍建设改革中带动作用的意见》，这对更好地发挥工人阶级主力军作用，支持和激励广大职工在新时代建功立业，造就一支有理想守信念、懂技术会创新、敢担当讲奉献的宏大产业工人队伍具有重要而深远的意义。在各个历史时期，长庆油田的老区人民像支援红军那样支援石油会战，油田所在地各级党委、政府以“支持长庆就是支持自己”的热忱，尽心竭力为油田发展创造良好环境。50余年来，长庆人坚持以自身发展带动地方发展，带动了整体产业链与地方经济的蓬勃发展，成为推动高质量发展的强大引擎。

1. 油田艰苦创业时期（70年代至80年代末）

竞赛特点：围绕创业搞竞赛，夺油上产作贡献。

艰苦创业、会战陇东，甘做老黄牛。1970年，国务院、中央军委批准成立“陕甘宁地区石油会战指挥部”，数万名解放军战士和石油工人响应号召，从祖国四面八方集结陇东，担负为国摘下“贫油”帽子的责任使命，在祖国西北边陲开启了石油“拓荒”之旅。

这一时期，油田企业管理体制脱胎于革命战争时期对军队的组织生产与军事动员，劳动竞赛采取精神激励、政治动员和群众运动的“大会战”组织形式，“大会战”在很大程度上是通过增加劳动强度来提高劳动生产率。在当时计划经济体制下，劳动竞赛往往聚焦在产量、数量、速度上，油田价值导向和劳模评选的首要条件是提前或超额完成“计划指标”，加班加点、拼命苦干的“老黄牛”精神成为劳动者的价值主流，出大力、流大汗、创标杆成为劳动竞赛的重要标准，同时锤炼形成了长庆职工善于协作、团结奋斗、攻坚克难的鲜明特质。

这一时期，革命老区钻塔林立、机器轰鸣，生产繁忙、生机勃勃。会战指挥部发动职工群众开展“压裂年”活动，高唱压裂歌，改造低渗透，相继建成马岭、城华、吴起、红井子等油田，油田战线职工为了原油产量，抢注水、抢新投、抢扶躺井，实现了快速上产。1979 年底年产原油突破 100 万吨，迈入了正式勘探开发的新纪元。20 世纪 80 年代初期、中期，长庆油田油气勘探没有明显的突破和发展，年产原油一直徘徊在 140 万吨上下。

这一时期，面对油气勘探困境迭出的严峻形势，长庆人克服道路不通、口粮紧缺、无房可住、设备缺乏等重大困难，住帐篷、干打垒、地窝子，开办农场自力更生，没有条件创造条件。以“跑步上陇东”、“人拉肩扛搞会战”、“三块石头支口锅，三顶帐篷搭个窝”、“过压裂年、吃压裂饭”等典型事例为代表，埋头苦干、吃苦耐劳、超额完成生产任务的“闯将”形象成为长庆员工的真实写照，体现了创业时期长庆职工自力更生、艰苦奋斗、奋发图强的精神品质，始终以责任和使命为导向，锲而不舍、积极探索，不怕苦、不怕累的精神奠定了创业和发展基础。

2. 油气并举发展时期（90年代至2008年底）

竞赛特点：围绕改革搞竞赛，夺油争气求突破。

油气并举，大干快上，争做领跑者。在原油年产量突破百万吨之后，长庆人壮志弥坚，奋力拼搏，南下渭北、北上伊盟、西跨六盘山、东进吕梁山，油气勘探再次取得重大突破。探明储量成倍增长，油气产量连获突破，天然气规模生产，老油田滚动开发成效显著，安塞模式享誉全国，靖安油田高效开发，靖边气田模式初建，长庆油田走上了油气并举、协调发展的新阶段。1999年长庆油田重组改制，2003年迈入千万吨大油田行列，2007年油气当量突破2000万吨。

这一时期，国内计划经济向市场经济加速过渡，在市场经济环境下，长庆油田生产经营围绕市场，劳动竞赛也跟进市场，瞄准市场变化开展。劳动竞赛由计划经济下盯产量、盯数量、盯速度，向质量、技能、安全、管理、文明等综合评价快速转变。

这一时期，油田职工素质结构由体力型向智力型转变。为适应社会主义市场经济发展和科技日新月异进步的要求，长庆油田将劳动竞赛与职工素质工程有机结合起来，通过群众性岗位技能练兵、技术比武等活动，提升职工的岗位技能。同时，在竞赛中引导职工树立继续学习、终身学习，用丰富的科学文化知识充实自己的理念，不断提高职工学习知识、运用技术、改革创新的能力。

这一时期，面对改革开放和市场经济各种社会思潮的冲击，长庆人扎根石油战线，坚守高原大漠，体现出忘我的劳动热情和强烈的奉献精神。科技战线上的旗帜——国家特殊贡献奖获得者蒋加钰等劳模，成为推动和激励油田不断奋进的杰出代表。这一时期的劳动竞赛，已经从人拉肩扛转变为技术引领，在比进度、赛产量、保安全的同时，更加注重学技术、提素质、破难题，唱响了

“磨刀石上闹革命、低渗透中铸丰碑”的主旋律。

3. 建设“西部大庆”时期（2009年至2013年底）

竞赛特点：围绕使命搞竞赛，西部大庆建新功。

竞赛指引方向，西部大庆，勇做领跑者。长庆人牢记习近平总书记嘱托，扎根西部，努力奋斗，油田号召动员全体职工开展了国家“十二五”期间重大工程示范性劳动竞赛、全国最大规模的油气新会战——建设“西部大庆”劳动竞赛，竞赛由全国总工会指导，中国能源化学地质工会和中国石油天然气集团公司主办。2011年6月9日，鄂尔多斯长庆油气区建设“西部大庆”劳动竞赛正式启动。劳动竞赛以实现鄂尔多斯盆地长庆油气区年油气当量产量5000万吨，初步建成具有大庆规模效益、大庆创业精神的大型能源基地为奋斗目标，按照不同目标，分别在陕西、甘肃、宁夏、内蒙古等多地开展竞赛。2014年1月，中国石油天然气集团公司在工作会议上正式宣布，长庆油田2013年生产原油2432万吨、天然气346.8亿立方米，油气当量达到 5195 万吨，建成了我国油气当量最高的现代化大油气田。从 2007 年到 2013 年，长庆油田年产油气当量从 2000 万吨攀升到 5000 万吨，连续六年净增量超过 500 万吨，相当于每年给国家新增一个中型油田。我国“东有大庆、西有长庆”的石油工业战略格局就此形成。

这一时期，长庆油田劳动和技能竞赛突出重点、大胆创新，注重激发广大职工参与的积极性，赋予了劳动竞赛新活力。2021 年 7 月，全国总工会下发《劳动和技能竞赛规划（2021—2025 年）》，首次提出在推动高质量发展中充分发挥工人阶级主力军作用的竞赛基本原则。油田劳动竞赛的主体是油田职工，没有职工积极参与的竞赛是没有生命力的。长庆油田抓住职工最关心同时又是油田发展迫切需要解决的问题，把现代化科学管理方法和手段引进竞赛，把职工的注意力吸引到关心油田、发展油田上来，把竞赛转化为职工的自觉行动。同时，劳动竞赛激励机制由以精神激励为主、物质奖励为辅向精神、物质奖励并重转变，实现精神激励与物质奖励的统一，这是劳动和技能竞赛能始终保持旺盛生命力的源泉。

这一时期，长庆油田注重将劳动和技能竞赛与油田生产经营活动紧密有机结合。《工会法》中规定，工会动员和组织职工积极参加经济建设，努力完成生产任务和工作任务。长庆油田劳动和技能竞赛紧扣中心工作和服务油田发展，按照党政不同阶段的中心工作确定竞赛活动的重点或主题，将劳动竞赛的成果体现在油田生产经营活动中，体现在提高发展效益上，取得了实实在在的成效，劳动竞赛的形式多为突击队和突击手运动。

这一时期，思想创新、管理创新、科技创新成为油田发展的助力器。通过科技创新、技术进步、市场运作的上产方式代替了创业初期人拉肩扛、人海战术、突击上产的生产大会战。长庆油田在“四化管理”模式和走新型工业化道路的实践中，更加注重适应社会主义市场经济体制的要求，更加注重提升工作效率和生产经营绩效，体现着强烈的开拓创新和锐意进取精神，“劳动光荣、知识崇高、人才宝贵、创造伟大”的时代风尚全面形成。

4. 高质量发展时期（2014 年至今）

竞赛特点：围绕发展搞竞赛，加油争气开新篇。

时代使命，转型发展，勇做创新者。我国正处于实现中华民族伟大复兴的关键时期，全党全国各族人民正意气风发向着全面建成社会主义现代化强国的第二个百年奋斗目标迈进。党的二十大吹响了以中国式现代化全面推进中华民族伟大复兴的号角，强调“加大油气资源勘探开发和增储上产力度”，不仅为我们建设世界一流大油气田、勇当能源保供“顶梁柱”提供了根本遵循，也对长庆油田推动劳动和技能竞赛走深走实提出了更高要求。

这一时期，长庆油田坚持以习近平新时代中国特色社会主义思想为指导，深入学习贯彻党的二十大精神，围绕国家能源安全新战略和集团公司“加快建设世界一流企业”战略部署，明确了“建设世界一流大油气田”的中心任务，其核心内涵是世界一流的中国式现代化大油气田，即始终坚持党的领导、油气产量稳居中国第一、低渗透致密油气技术世界领先、市场化优势突出、绿色低碳发展、长庆品牌卓著。

2020年长庆油田油气当量跨越6000万吨，持续刷新国内第一大油气田产量纪录，油、气年产量分别占全国1/8和1/4，为保障国家能源安全发挥了重要作用，这期间，资源勘探、油气开发在多个领域确立了全国领先地位。辉煌业绩的取得得益于全油田各级党组织、各级工会组织充分发挥作用，得益于长庆石油铁军勠力同心、苦干实干，得益于职工队伍大力弘扬石油精神、铁人精神迸发出来的创造激情，熔铸形成了“忠诚担当、创新奉献、攻坚啃硬、拼搏进取”的长庆精神，油田被评为“全国爱国主义教育示范基地”和“延安精神示范教育基地”。

这一时期，长庆油田坚持劳动和技能竞赛与生产建设“同部署、同推进、同落实”，在全国总工会的支持下按下“岗位建功‘十四五’、发展实现高质量”全国引领性劳动和技能竞赛的启动键，2022年天然气产量历史性突破500亿立方米，油气当量攀上6500万吨的新高峰，形成了全方位、多层次、广覆盖的劳动竞赛格局，劳动竞赛已经成为助力人才成长、推动企业高质量发展的重要抓手。

这一时期，长庆油田继承创新创业初期至今的劳动竞赛经验方法，总结形成了劳动和技能竞赛“三个三”工作法，推进资源勘探、油气开发、新能源“三大主业”。中共中央、国务院印发的《新时期产业工人队伍建设改革方案》强调，要充分调动广大产业工人的积极性、主动性、创造性，“三个三”工作法就是以油田职工为主体，推动劳动竞赛高起点谋划、高标准推动、高质量落实，分项攻坚生产难题。《新时期产业工人队伍建设改革方案》指出，把产业工人队伍建设作为实施科教兴国战略、人才强国战略、创新驱动发展战略的重要支撑和基础保障；《劳动和技能竞赛规划（2021—2025年）》提出，把竞赛活动打造成为职工成长成才的平台。长庆油田坚持在劳动竞赛中强队伍、育人才、聚合力，持续深化重大荣誉“申报制”和“五个倾斜”选树机制，注重在急难险重中选先进、在重大工程中树典型，营造了劳动伟大、奋斗光荣的干事创业氛围。随着劳动和技能竞赛的深入推进，长庆油田拓宽企地共建通道，加深了企地和谐关系，助力地方经济发展。

二、劳动竞赛创新的有效探索

半个多世纪以来，长庆油田在坚持不懈地推行科技创新的同时，也不断地继承创新管理方法和劳动竞赛方式，通过“三个三”工作法，在竞赛模式上开展企地联动、区域联动、优势联动，在开展形式上与员工培训相结合、与创新创效相结合、与文化感召相结合，在组织保障上强化竞赛过程管控、注重竞赛氛围营造、加大竞赛先进选树，破解了基础薄弱、资源难啃、油气分散、环境多变等诸多难题，并结合自身特色的外部环境，“三个三”工作法在实践中不断完善、提升和创新，取得了丰硕的成果——实现了三个转变。

1. 竞赛体制由“单一组织”向“多方参与”转变

油气田开发是一项系统性工程，虽然竞赛主体是油田，但还有其他一系列科研、工程、辅助类单位参加整体开发和建设，所以将竞赛组织单位由长庆油田一家扩展到参与生产建设的全部单位，在竞赛指标的设置中更加全面，在劳动竞赛的组织中更加系统，在竞赛推动的过程中更加有力，既增进了交流沟通，也提升了工作效率，更扩大了竞赛影响，引导更多的职工争做新时代的奋斗者。

2. 竞赛资源由“区域化”向“共享化”转变

长庆油田的资源高度分散化，不可避免地造成“点多线长面广”的分散式生产布局，传统的劳动组织方式具有“小而全”的特点，在大规模建设、大油田管理的条件下，必然导致管理成本较高、人均效率低下等问题。为提高劳动生产效率，长庆油田基于技术创新和进步，充分解放思想，利用数字化、信息化平台，探索出按照生产流程设置竞赛组织架构，推动作业区与联合站共建、井站合建、多站合建等方式，走出了一条生产要素集中化的道路。

3. 竞赛方式由“人拉肩扛”向“智慧劳动”转变

“人拉肩扛，跑步上陇东”，反映了长庆油田创业者“攻坚啃硬，拼搏进取”的精神，也折射出创业条件的艰苦：在财力、物质资源严重匮乏的时代，只能依靠人的数量、体力和精神意志。如今，信息化、自动化设备在很大程度上取代了手工化的劳动，资源效率大幅提升。随着长庆油田数智化管理的不断推进，进一步推动了劳动竞赛、业务流程、组织结构、企业文化等多方面的进步，也充分体现了长庆人对新的管理思想、技术的主要应用和积极探索。

在半个多世纪的探索中，长庆油田主动应对挑战、抢抓历史机遇、深化改革创新，探索形成“归核化、市场化、数字化、一体化”的“四化”油公司模式，创新建立五大成藏地质理论和四大开发技术系列，油田入选国务院国资委管理标杆和集团公司创新型企业，“三低”油气藏勘探开发技术基本达到世界先进水平，逐步形成了围绕中心大局、紧贴生产实际、顺应发展趋势、积极主动作为组织竞赛的工作形式。

三、“三个三”工作法的因时而立

劳动和技能竞赛经过几十年的发展，已经形成了比较完整的工作思路和工作机制，也总结并固化了诸如技术比武、质量攻关、优质服务等一些常见的竞赛项目、竞赛形式和竞赛方法。但是，在新的形势下，按照不同行业、不同企业的实际情况，用现代企业竞争与发展的眼光看已形成的劳动竞赛项目与形式，不难发现劳动竞赛工作中仍然面临诸多困难与挑战。

一是党对工会组织的领导对竞赛思想意识提出新要求。《工会法》中规定，工会是中国共产党领导的职工自愿结合的工人阶级群众组织。工会承担着组织动员广大职工为完成党的中心任务而共同奋斗的重大责任，但随着新业态蓬勃发展，新兴行业不断涌现，使得社会和企业不同层面主体对劳动竞赛产生了一些认识误区。在统筹协调主题劳动竞赛过程中，部分单位组织实施管理力度不足，由工会组织牵头，党政部门并未给予重视并实际参与，未充分发挥党建带工建、团建作用；在落实主题劳动竞赛各阶段过程中，思路不清、谋划不全，发力不足、施策不准，未重视结合一线员工岗位特点与理解能力进行细化分解和逐项解读，导致参赛群体思想认识不到位，从而难以营造“比学赶帮超”的良好竞赛氛围，导致员工主动参加竞赛活动的内驱力不足。

二是能源安全保供新阶段对竞赛内容领域提出新任务。2018 年 7 月，习近平总书记作出“大力提升国内油气勘探开发力度，努力保障国家能源安全”的重要指示批示。“十四五”时期能源安全保障将进入固根基、扬优势、补短板、强弱项的新阶段，必须协同推进能源低碳转型与供给保障，推动形成绿色发展方式和生活方式，对劳动竞赛内容领域也提出新任务。新时代劳动和技能竞赛的开展更注重适应非公企业和社会组织的特点和发展需要，创新竞赛的组织形式，探索新的竞赛形式和有针对性的竞赛内容。传统的劳动竞赛逐步显现流于形式、跟不上时代节奏、不能体现技术和意识的创新等问题，劳动竞赛在很多人印象中是一种过时的工会工作方式，导致劳动竞赛内容单一化，主题劳动竞赛内容和形式长期墨守成规、乏善可陈，致使劳动竞赛成效不明显。

三是国有企业改革新形势对竞赛组织能力提出新考验。我国进入新发展阶段，对国有企业推动经济高质量发展、发挥好战略支撑作用、化解外部风险挑战提出了新考验，要求坚持市场化运作增强国企核心竞争力。市场化带来利益多元化，随着劳动竞赛的参赛主体日趋多元、职工群体日益增多，职工队伍内部在行业类型、文化水平、发展需求等方面的差异也逐渐扩大。劳动竞赛的组织开展存在着参赛主体对象不清晰、竞赛标准不明确等问题。劳动竞赛的核心目标是围绕中心工作，激励员工成长成才，个别单位在推动劳动竞赛落实落地过程中未有效构建或完善相应的保障与激励机制，未进行深入的分析并合理化构建，竞赛激励形式化，导致实际应用的可操作性较差，在很大程度上打击了员工和单位的积极性。

从创业初期的压裂攻关会战、马岭开发五路会战和抢建马岭、红井子油田、长输油管道三大战役等揭开长庆油田劳动竞赛的序幕；到市场经济体制改革时期，为夺油上产“提速加码”开展勘探会战、气田会战、西气东输等一系列立新功、创纪录、上水平的主题劳动竞赛；再到“十二五”期间，牢记习近平同志“创和谐典范、建西部大庆”的重要嘱托，开展建设“西部大庆”重大工程示范性劳动竞赛。进入新时代，面对习近平总书记“能源的饭碗必须端在自己手里”的殷切嘱托，全面启动“岗位建功‘十四五’、发展实现高质量”全国引领性劳动和技能竞赛。虽然长庆油田围绕劳动竞赛开展了一系列的探索和实践，劳动竞赛总体水平大幅提升，但随着社会经济的发展和企业的改革创新、转型升级，劳动竞赛在参赛环境、内容、对象等方面发生了一系列变化，长庆油田也清醒地认识到工会工作发展不平衡，工会资源配置合理性不够，工作深度精度与高质量发展的要求还不相适应，服务广度和力度与职工需求还有差距，部分基层工会基础薄弱的短板需要补齐等问题。这促使长庆油田工会再次反思劳动竞赛结构与参赛主体、竞赛组织方式与工作目标、竞赛组织保障与广大会员之间是否匹配的问题，通过对各单位进行深入的调查与讨论，提出了“三个三”工作法的构想。

“三个三”工作法的主要内容，即创新“三个联动”竞赛新方式、拓展“三个结合”竞赛新领域、夯实“三个重点”竞赛新绩效，符合劳动竞赛运行与发展的一般规律，推动了竞赛高效有序开展。

第三章

“三个三”工作法的体系构建

一、“三个三”工作法的理论依据

“三个三”工作法是以习近平新时代中国特色社会主义思想为指导，学习贯彻习近平总书记关于产业工人队伍建设改革的重要指示精神和党的二十大精神，以推动高质量发展、提高竞赛实效为出发点，以凝聚竞赛团队共识为落脚点，面对跨区域、多单位、长战线、广覆盖的劳动竞赛，长庆油田坚持将劳动和技能竞赛作为服务生产建设、助力企业管理、凝聚全员士气的重要抓手，不断深化“五个坚持”工作要求，开展生产型、智能型、技能型三类竞赛，紧紧围绕资源勘探、油气开发、新能源三大主业，高起点谋划、高标准推动、高质量落实，推动竞赛高效有序开展。

“三个三”工作法是新时代劳动竞赛面临高效、健康、有序发展的重要保障。在竞赛过程中，牢固树立“一盘棋”思想，坚持劳动竞赛与生产建设同部署、同安排、同启动，竞赛领导和工作机制是竞赛活动的基础前提，活动经费和队伍建设是竞赛活动的重要保障，量化评估和分阶段激励作为劳动竞赛过程性活动方式的主体，典型选树作为活动结果决定了劳动竞赛的最终成效，其有效运行需要资源配置等一定的基础条件。“三个三”工作法遵循新时代劳动和技能竞赛特定的运行逻辑与机制，有效推动企业职工发展有机融合，提升企业竞赛工作水平，激发职工创新创造热情，增强企业活力、创造力和竞争力。

“三个三”工作法的基本内涵是深化“五个坚持”、开展“三类竞赛”，回答了新时代要坚持和开展什么样的劳动竞赛以及怎样坚持开展劳动竞赛。“三个三”工作法的流程如图 1 所示。

1. 深化“五个坚持”，引领竞赛的时代化方向

一是坚持党对工会组织的坚强领导。将组织开展劳动和技能竞赛作为各级工会的经常性、基础性工作和长期战略任务，不断丰富竞赛载体，健全竞赛机制，加强竞赛保障，完善竞赛考核评

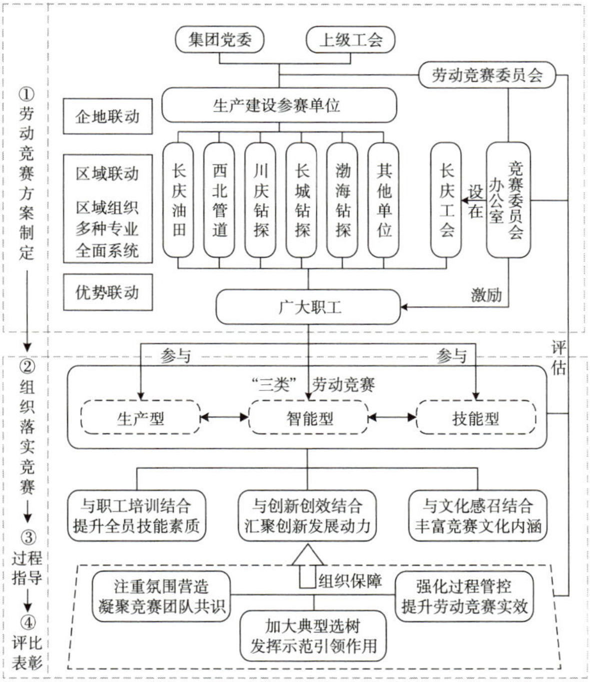

图 1 劳动和技能竞赛“三个三”工作法流程

价体系，使加强组织领导成为推动劳动竞赛健康深入发展的关键环节。

二是坚持围绕中心，服务大局。以党在各个历史阶段的战略任务和面临的主要矛盾作为竞赛主题，紧扣时代主题，贴近油气生产，不断增强竞赛的针对性和有效性，既要兼顾推动长庆发展、助力转型升级的宏观性，也要有协调油气生产、提高劳动效率的指导性。

三是坚持以人为本、依靠员工。牢固树立以职工为中心的工作导向，不断强化职工在竞赛中的主体地位，调动和激发广大员工的积极性，发挥劳动竞赛在提高生产效率、保障安全运行和提升员工素质、保障员工利益中的协调作用，把开展劳动竞赛与提高职工素质、保障职工合法权益统一起来。

四是坚持发挥劳模榜样的引领和示范作用。把弘扬工人阶级伟大品格和劳模精神、劳动精神、工匠精神紧密结合，努力营造崇尚劳模、学赶先进、争创一流的良好氛围，激发广大职工的参赛热情，推动竞赛活动广泛深入发展。

五是坚持继承与创新相结合。在不断总结前期经验、坚持有效做法、规范竞赛工作的同时，根据生产形势、技术现状、油区环境等因素，创新竞赛方式方法，不断增强劳动群众创新意识，激发群众的创造活力，提升创新能力，探索竞赛内容方向，确保劳动竞赛有的放矢、长盛不衰。

2. 开展“三类竞赛”，聚焦产业链的多元化升级

竞赛活动以促进生产经营、推动技术进步和促进企业发展为目标，以班组竞赛为基础，以提高员工技能水平和增强员工创新能力为重点，鼓励和引导员工诚实劳动、勤奋劳动、创新劳动。同时要做到长期与突击、临时与长效相结合，确保竞赛与发展紧密结合。

生产型劳动竞赛。从实际出发着力解决生产过程中的突出问题或突发险情，以生产目标或工作内容为主题，开展阶段增产、节点冲刺、抗洪抢险、服务保障等竞赛，要充分考虑竞赛目标的先进性和可行性，以确保竞赛效果。

智能型劳动竞赛。旨在促进生产技术进步和加强经营管理，包括创新创效、合理化建议等内容。各单位要结合公司科学技术奖、工会“五小”成果奖、各类优秀创新创效成果奖评审活动，针对设备改造、工艺革新、安全环保等薄弱环节开展智能型劳动竞赛，有效提高生产技术和管理水平，实现提质增效的竞赛目标。

技能型劳动竞赛。以促进员工技能水平普遍

提高为目的，开展岗位练兵和技能竞赛活动。各单位要根据工作内容和岗位需求，定期开展符合生产、切实可行的全员性岗位练兵活动，把学技术、强技能渗透到每位员工。同时要适时开展技能竞赛，为员工搭建技术交流、增长才干的平台，促进员工技术素质不断提高。

二、“三个三”工作法的内容构架

“三个三”，就是在竞赛模式上形成企地联动、区域联动、优势联动“三个联动”；在竞赛领域上注重竞赛与素质提升、提质增效、示范引领“三个结合”；在组织保障上突出过程管控、氛围营造、典型选树“三个重点”，破解地质复杂、储层致密、区域分散、环境多变等诸多难题，以劳动竞赛推动企业高质量发展。“三个三”工作法的主要内容如图 2 所示。

1.“三个联动”创新竞赛新方式

（1）企地联动，助力发展大跨域。油气生产对保障国家能源安全、促进地方经济发展有着重要的意义，离不开地方和企业共建共享、共同发展的理念与实践，实现中国石油集团党组与长

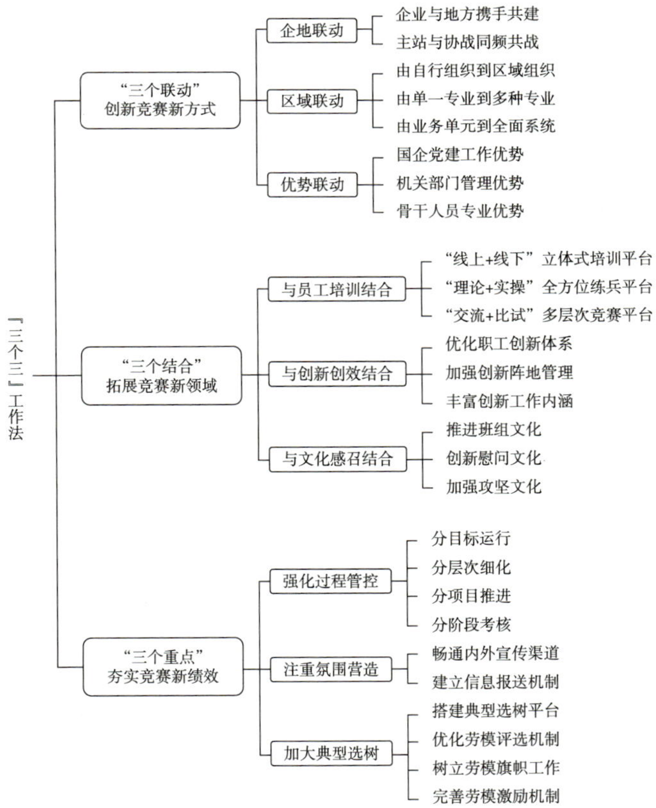

图 2 “三个三”工作法的主要内容

庆油田工会同时参与，主战单位和协战单位同频共战。

长庆油田始终树立“陇东长庆一家亲、共同

建设大油田、幸福富裕老区人”的发展理念，积极参与“和谐模范油区”建设，坚持把企地共建、参与地方扶贫攻坚大局、支援地方科教文卫事业、造福地方百姓作为竞赛的重要内容，加强与驻地政府及相关部门的联系，建立定期工作联络、协调沟通、通力合作的共商共建制度。

通过结合本单位员工队伍及各类资源优势，制定切实可行的和谐模范油区竞赛方案，在依法合规的基础上，察实情、出实招，依托油田生产站点优化布局及道路、安全、环保、应急、保障等生产资源，力所能及地为百姓用水、用电、出行等基本生活提供便利，支持地方经济建设。

（2）区域联动，助推生产大提速。长庆油田坚持顶层设计、统筹部署，坚持将劳动和技能竞赛作为系统性工程推进，打破专业限制，汇聚整体合力，拧成一股绳，劲儿往一处使。竞赛领域持续拓宽，竞赛模式不断创新，构建了点、线、面共抓的多层次、多维度竞赛格局。

竞赛组织上，由从传统单位自行组织，向以陇东、安塞、姬塬、乌审旗等油区为重心的区域竞赛转变，在油气上产的攻坚期、冬季保供的关键期、提质增效的突破期，围绕重要工作、重点工程开展。

竞赛任务上，由生产建设、科研攻关、油气输送、水电供给、生活保障等单一任务竞赛，向油气生产、辅助保障、后勤服务等跨行业联合劳动竞赛转变。

竞赛内容上，由各业务单元向全面系统转变，坚持全员化参与、全过程管理、全专业覆盖，注重系统竞赛、系统协作，生产、科研、后勤单位齐发力。

（3）优势联动，促进管理大提升。长庆油田从公司、厂处、作业区三个层面，集中生产、管理、技术、保障优势资源，机关部门与基层单位结对子，深入生产一线开展现场指导办公，缩短工作链条，强化沟通协调，确保生产运行各个环节顺畅衔接，大幅提升生产效率。

发挥国有企业党建工作优势，把竞赛重点内容纳入党建工作考核，促进了党建工作与生产经营的深度融合。发挥公司机关管理优势，深入生产一线加大生产运行协调、现场难题攻关，提升了竞赛的引领力、组织力、战斗力。

发挥机关部门管理优势，科研单位与生产单位结对子，集合优势力量成立油气上产、工程建设、技术服务、勘探评价等专项工作组，进驻一线开展帮促，促使勘探与开发、设计与施工、产建与投产、生产和集输无缝对接，缩短工作链条、加快问题整改，提高竞赛效率、畅通竞赛环节。

发挥骨干人员专业优势，干部和职工结对子，让竞赛覆盖每位职工，让蹲点覆盖每个基层，紧扣生产“脉搏”，密切干群联系，打破管理瓶颈，靠前指挥、驻守一线，不断提升管理效能。

2.“三个结合”拓展竞赛新领域

（1）与员工培训结合，提升全员技能素质。提高员工素质是提高企业经济效益的动力来源，也是劳动竞赛高效开展的重要保障。着力发挥劳动竞赛“大学校、大练兵、大比武”的阵地作用，全面提升员工岗位技能，以比促学、以学促赛、以赛促用，打造了一支素质高、技能强、业务精的产业工人队伍大军。

搭建“线上＋线下”的立体式培训平台，业

务培训覆盖全部专业，受训总量实现人人皆培训，缺什么、补什么的素质成长导向更加鲜明。拓宽“理论 + 实操”的全方位练兵平台，“师徒结对”让技术在传承中发展，评选技师、特级技师、首席技师，项目制攻关、团队化合作、专业式培养为高技能人才成长拓宽渠道。打造“交流 + 比试”的多层次竞赛平台，拓展数字化运维、油藏动态分析、一线生产创新等特色竞赛项目，坚持每年承办甘肃省和集团公司职业技能大赛，培育了省级技术标兵和公司级技术能手，锻造了职工素质的硬实力。

（2）与创新创效结合，汇聚创新发展动力。把创新创效作为增强职工素质、激发工作活力、促进提质增效的有效抓手，突出新时代劳动和技能竞赛在培育学习型、技能型、创新型员工队伍中的重要作用，依托竞赛凝聚全员智慧，实现创新发展。

优化职工创新体系，完善“534 运行机制”和“四个一”工作机制，构建“两年举办一次‘五小’成果展、每次评选十大工人发明家、每次推广若干优秀成果”的创新竞赛展评机制，公司每年拿出100万元奖励职工“五小”成果。

加强创新阵地管理，持续打造全国级、省部级、公司级劳模、工匠创新工作室和“创新联盟”线上阵地，形成“八有一建立”创新工作室建设标准、“五个一”运行标准、成果评审标准，实现了创新工作规范化、标准化、体系化运行。

丰富创新工作内涵，探索区域化合作、统筹化推进、专业化攻关的联合创新模式，推进“展学研产用”职工创新一体化建设，挖掘一线员工参与的创新成果，广泛应用于生产一线，成为劳动和技能竞赛的效果倍增器。

（3）与文化感召结合，丰富竞赛文化内涵。劳动和技能竞赛不仅是催生技术成果的沃土，更是各单位凝聚力量、展示文化的平台，注重通过塑造竞赛文化凝心聚力，发挥竞赛群众性、广泛性的组织优势，提升全员的价值认同和文化认同，以竞赛载体汲取全员奋进力量。

推进班组文化，强化“责任胜于能力”建设，通过开展“尽职责、比贡献、促上产”专项竞赛，建立单井“日清楚、旬分析、月总结”推进机制，形成了“2小时单井说清楚、4小时班产说清楚、8 小时盘库说清楚”的产量监控体系，落实了岗位责任。

创新慰问文化，对油田上产最困难、位置最偏远、竞赛成效好的多个站点进行慰问，将油田慰问分时段、分区域、分系统开展，充分征求基层意见，形成了“六个一”特色竞赛加油套餐，并与竞赛单位开展联合慰问，在长周期的竞赛活动中持久保持了员工的上产热情。

加强攻坚文化，广泛在油区悬挂竞赛主题横幅、标语，张贴竞赛通报、战况、评比结果，通过发布竞赛动态、宣传攻坚事迹、征集竞赛感言等，层层传递竞赛压力，增强攻坚意识，以强大的舆论引导提振发展信心、坚定发展信念，保持了旺盛的劳动竞赛活力。

3.“三个重点”夯实竞赛新绩效

（1）强化过程管控，提升劳动竞赛实效。“竞赛成不成，重点看过程”，抓好过程管理，确保全程受控，是实现竞赛效果的重要保障。长庆油田紧密结合陇东油区特征及“大跨度、长周期、不断线”的竞赛特点，持续探索并深化“四分法”组织模式，通过明确阶段性竞赛的主攻目标、细化目标，集中突破，推进长短目标结合、大小任务共进竞赛形式，制定年度劳动竞赛考核细则，适时召开劳动竞赛总结会、交流会，推广竞赛成果与经验，实现劳动竞赛的全程管理、协同组织、广泛参与，保障竞赛扎实有效开展。

第一，分目标运行，将全局性竞赛目标分解为油气生产、措施挖潜、安全环保、后勤保障、保油护矿、和谐矿区等多个方面，按照生产建设的特点开展分项竞赛，从宏观上明确了阶段性竞赛的主攻目标；第二，分层次细化，将厂处单位划分为油气生产单位、工程技术单位、服务保障单位三个层面，根据地域、行业、现状分别开展厂处级专项竞赛，细化目标，集中突破；第三，分项目推进，紧扣急难险重任务，针对突发工作险情，充分发挥各基层单位参与劳动竞赛的自主能动性，下拨定量竞赛组织费用，由各单位自行开展攻坚性短平快竞赛，优化竞赛长短目标结合、大小任务共进的竞赛推进形式；第四，分阶段考核，制定阶段性劳动竞赛考核细则，严考核、硬兑现，在竞赛期间适时召开劳动竞赛推进会，总结成绩、介绍经验、推广成果的同时，完成竞赛阶段性考核评比，实现劳动竞赛的全程管理、协同组织、广泛参与。

（2）注重氛围营造，凝聚竞赛团队共识。“竞赛亮不亮、重点看宣传”，在竞赛中把控宣传导向、形成舆论氛围，引导全员做到认识统一、行动自觉，是凝聚竞赛合力的最佳途径。坚持从新闻上宣传、舆论上引导、氛围上造势、精神上鼓舞，为竞赛活动鼓劲造势。

畅通油田内宣和媒体外宣两种渠道，加大工会系统的宣传和交流，充分利用油田网络、报纸、电视、杂志、“两微一端”五大媒介，定期发布竞赛动态，通过设立专题、专栏、专刊，组织“夺油先锋”、“走进一线”、“记者一线行”等活动，持续跟进竞赛进程，通过讲好长庆故事，让更多的人听到油田声音、感知能源发展。

建立“月简报、季通报、年总结”的信息报送机制，梳理竞赛经验与成绩，促进沟通与交流，为掌握竞赛动态、调整竞赛重点发挥了关键作用，发布陇东竞赛专题简报、宣传稿件、各种自媒体新媒体消息，为宣传竞赛亮点、交流竞赛经验、通报竞赛成果，搭建了广阔平台，形成了持久不衰的竞赛氛围。

（3）加大典型选树，发挥示范引领作用。“竞赛优不优，重点看示范”，在竞赛中及时挖掘亮点、选树典型，是鼓舞员工士气、激发团队合力、形成奋进正能量的重要举措。坚持“以铁人精神培育长庆铁人”，在急难险重中选先进、在重大工程中树典型，强化“五个倾斜”（向重大工程倾斜、向急难险重倾斜、向业绩好单位倾斜、向贡献突出单位倾斜、向一线艰苦岗位倾斜），做到“四个注重”（注重劳模作用发挥、注重劳模持续培养、注重劳模成长成才、注重劳模关心关爱），构建了比业绩、比贡献的评价体系，大力弘扬劳模精神、劳动精神、工匠精神，切实发挥劳模先进的示范引领作用。

优化劳模先进评选机制，持续推行省部级及以上荣誉申报制，形成了“两推四审两公示”的评选程序，以大家选、大家评的方式，确保了劳模选树民主公开。引导全员在看贡献、比业绩、拼素质的竞赛成效中发现典型，在重点工程建设、急难险重任务等分项竞赛中培育典型，在“身边好故事”、“最美员工”的竞赛事迹讲述中选树典型，在业绩突出、工作高效、事迹典型的竞赛立功个人中宣传典型。靠实劳模先进评选向一线倾斜、向艰苦岗位倾斜、向贡献倾斜的原则。

坚持“选劳模更要用劳模”的工作导向，通过强化宣传、强化表彰、强化品牌，抓好劳模作用发挥，在劳模先进“传帮带”作用的基础上，以劳模品质感召人、鼓舞人、激励人。继承和发扬劳模精神，结合不同时期特点和发展需要，推动劳模导向由“汗水型”向“创新型”、“操作型”向“技能型”、“传统型”向“知识型”实现三个转变，更好地发挥劳模引领作用。持续强化“好职工就有好回报”的价值导向，全面落实劳模“八项待遇”，持续开展送疗养、送培训、送画像、送慰问“四送活动”，形成了关心关爱劳模的良好氛围。

三、“三个三”工作法的企业成效

1. 劳动和技能竞赛夯实了全员技能素质

一个企业能否取得长远发展，最终取决于是否有一支能打敢拼的高素质职工队伍，开展劳动和技能竞赛是引导职工不断提高技术水平的一种有效途径。长庆油田坚持“咱们工人有技术才更有力量”的理念，有针对性地分析总结企业开展劳动和技能竞赛的特点和成效，发现其存在的问题和不足，从而深入探讨创新企业技能型人才培养的长效机制，注重员工技能培养基础建设，通过搭建“三个阵地”，构建多层次、多渠道员工素质提升途径。

（1）搭建立体实训阵地，夯实员工成长基础。注重不同岗位、不同层次员工的差异化、个性化培训，通过不断完善培训层级，基层培训突出岗位技能提升，厂处培训突出综合素质提升，公司培训突出特殊工种强化，送外培训突出油田紧缺急需，形成了自下而上四级培训机制，持续强化素质提升，每年充分依托层级培训和练兵平台等形式，培训、轮训、集训员工达5.4万人次，占员工总数近80%，最大限度地保障员工学习权益，为员工成长夯实基础。

（2）建设创新教育阵地，发挥人才培养作用。持续深化员工创新工作学习交流，建成首个员工创新教育基地“长庆创新创效成果展厅”，陈列员工优秀发明成果280余项，累计组织油田内外3万余名基层员工、技术专家、新入职员工代表约65批走进“五小成果、往届精品、省部级创新工作室、创新大讲堂、互动体验展区”，促进了员工现场交流、培训，开办劳模（工匠）创新讲堂182期，培训人数1.2万余人。积极开展师徒帮带活动，通过师徒结对联合解难题、白大褂带红工衣等多种形式，引领员工练就技能本领，近五年解决企业技术难题500余个，培养省级优秀师徒对子300余对，有效发挥了教育阵地人才集聚与培养的作用。

（3）拓展线上网络阵地，有效拓宽竞赛边界。利用应用信息科技和互联网技术，拓展培训渠道和领域。建成长庆“创新联盟”信息平台，可以通过“在线培训”、“我有难题”、“成果宝库”等板块，全时段开展技能培训，有效延伸了培训触角。以公司级技能竞赛为契机，开发移动培训学习平台，通过竞赛中实施“线上同步竞赛”，组织近2.3万名员工进行网上学习和答题，有效拓宽竞赛边界。充分利用高新技术，在传统培训基础上开发AR、VR互联网课堂，形成了工作室辐射、178 个攻关小组推进、数千名一线员工参与的素质提升网络，“伊鲜优创”、“华哥说电”等一大批基层员工创客成为提升技能素质的“网红”品牌。

2. 劳动和技能竞赛提升了技术创新能力

长庆油田紧扣员工素质提升工程，大力开展技能竞赛、创新创效等群众性经济技术活动，以竞技凸显培训效果，以创新检验技术能力。

（1）建立多级竞赛机制，打造一岗多能队伍。多层级练兵，持续健全岗位练兵及作业区（大队）、厂处、公司三级竞赛制度，完善以 11 类工种为主体的技能竞赛体系，建立了以赛促学、以赛代训、以赛促培、层层选拔的练兵机制；跨层级联合，每年至少承办一次省部级员工职业技能大赛，通过历年高层级竞赛比拼、多区域技术交流，近五年共有 300 余个集体及个人受到省部级嘉奖；全专业覆盖，每年举办公司级员工技能大赛，形成了以采油、采气等主体工种，电工、消防等辅助工种，开发、培训等技术跟进的全领域竞赛体系，打造“一岗多能”、“一人多技”的复合型人才队伍。多年来，通过完善竞赛组织，建设了一支以55名两级技能专家、77名首席技师为领军，以2198名高级技师为骨干，以2.25万名高级工以上为主体的高素质技能员工队伍。

（2）构建三级展示平台，展示员工创新能力。注重以创新能力统领素质提升，以创新成果检验队伍成长，构建三级展示平台。应用展示全员技能，构建了“基层单位每年开展、公司工会两年一届”的创新成果展评机制，公司已连续举办五届成果展，展出一线员工创新成果986项，395项成果获得国家专利，200余项成果在长庆、大庆、辽河、胜利等油田推广应用，创造效益3.2亿元。每季度邀请兄弟油田和内部工人发明家，组织一期员工创新大讲堂，以现场授课、录播等方式进行创新经验分享、创新技术探讨和创新思路激活，员工“五小”创新已经成为展示员工创新能力的重要窗口。

（3）完善两项工作体系，提升创新工作效率。为推进群众性创新创效工作规范化、标准化、科学化运行，长庆油田注重创新制度建设，联合党委组织部（人事部）根据运行实际出台了

《劳模（工匠）创新工作室管理办法》、《群众性经济技术创新成果评审奖励办法》等制度，形成“层层管控、各有侧重”的创新阵地管理思路，通过创新成果项目化管理，创新工作室自主承接任务、自我监督运行、自我考核提升，员工创新能力、创新动力、创新效率得到大幅提升，阵地建设的实用性和创新成果的实效性不断增强。

3. 劳动和技能竞赛提高了创新成果转化率

长庆油田经过多年的探索和实践，形成了“多部门联合、分步骤运作、分层级实施”的运作流程，切切实实地将创新成果转化为生产力和效益，凸显创新成果助产增效。

（1）构建合力推进格局，畅通成果转化渠道。积极组织构建涵盖研发、评选、制造、购置多环节、多部门通力合作的机制，畅通成果转化渠道。规范流程，根据成果从优选、论证、定标，到加工、购置、应用的运行流程，到拟定《员工“五小”创新成果转化实施意见》，形成了工会、财务、设备、技术、制造、采购等多个部门参与的转化流程设定，探索制度化转化模式；明确责任，依据部门业务和职责，由工会、党委组织部（人事部）做好转化组织协调工作，设备管理部牵头转化推进，科技、安全等 11 个技术部门完善成果标准，机械、物资部门实施加工采购，确保优秀“五小”成果转化全程管控；分类对接，设备部门根据成果类别（工艺类、信息类、设备类、工具类）涉及内容或领域，积极与二级单位进行需求对接和应用跟踪，确保成果的精准投放和高效应用，有效提升转化率和应用效果。

（2）施行分步推进模式，提高成果转化率。为全面提高创新成果转化率，长庆油田经过多次探索实践，形成了“项目筛选、技术论证、分类提升、需求统计、推广实施”五步推进的良好局面。项目筛选，组织油田各行业专家评委利用“创新联盟平台”对征集的员工优秀创新成果进行联评筛选；技术论证，推广应用专业部门对成果在价值大小、安全环保、劳动强度、现场作业标准、推广前景等方面进行论证；分类提升，依据成果类别，提交各专业部门汇集技术人员力量，针对生产工艺和环境，对各类成果进行技术标准的优化提升；需求统计，从应用范围和推广前景等方面进行转化前期摸底，征求各单位需求和转化意向；推广实施，适时召开成果发布推介会，现场签订转化确认单，实现创新成果专项加工和购置。

（3）采取分级转化实施，有效提升应用效果。成果应用是创新工作的最终目标，根据创新成果适用范围、功能特点等性质，长庆油田分为公司级、厂处级、工作点三个层次合理实施，形成多层次、多通道转化模式。“广适性”成果公司推，对适用范围广的创新成果，在公司层面由设备、机械、科研、技术等业务部门协调运作，制定下发《员工“五小”成果应用转化的通知》，从公司层面推行转化，累计推广了 32 项优秀创新成果，其中 6 项已固化为产建及智能化建设标准流程，26 项工器具成果委托机械制造总厂及发明单位生产应用 2751 台（套）；“区域性”成果厂处推，对适用于部分生产领域的项目，由各单位成果联审科室根据论证结果以及成果价值大小、安全环保、劳动强度、现场作业标准等，制定转化实施方案，推动了创新成果运用落地；“针对性”成果现场推广，以个性问题研发的普通专项工具、器具等成果，由创新工作室层面在设备维修或改造中进行直接应用，并逐步完善提升，扩大推广面和经济效益，截至目前，有986项小型成果就地适量转化，在生产现场得以广泛应用，促进了员工创新效能的全面提升。

4. 劳动和技能竞赛完善了员工成长体系

长庆油田逐步完善和健全各类员工成长体系，形成机制保障、待遇倾斜、舆论引领的员工成长成才多角度促进模式，确保了员工个人成长规范化、长效化、常态化。

（1）完善员工成长制度，促进素质能力提升。发挥职业技能竞赛、聘干机制、晋级认定在人才培养、选拔和激励中的核心作用，促进员工素质和履职能力持续提升。出台高技能人才管理办法，以《关于加快石油工匠培育的意见》等制度，完善从初级工到集团公司技能大师九级人才进阶式晋升通道，发挥职业技能竞赛在人才培养、选拔和激励中的核心作用，持续提升员工素质和履职能力；建立用工转换机制，制定《职业技能竞赛管理办法》、《用工招聘工作方案》，对油田公司及以上级别职业技能竞赛优胜选手中的劳务工，直接转聘为企业直接用工；打通横向

"聘干"机制，制定《从操作服务人员中选聘管理和专业技术人员管理办法》，在纵向贯通九级晋升通道的基础上，打通操作技能人员横向"聘干"转换机制；完善高技能人才评价机制，制定《高技能人才积分制实施细则》，施行技能等级认定学分制办法，推行晋级积分和考核积分，进一步完善高技能人才评价机制，通过量化积分增强了实效性。

（2）提升产业工人待遇，激发干事创业热情。以高技能人才服务保障工作为重点，协调落实相关待遇政策，全方位提升操作员工岗位成才的自觉性和积极性。坚持评先选优向高技能人才倾斜，近年来，技能人才中获国家级荣誉 8 人，省部级荣誉、技术能手 190 余人，获评技能人才占各类先进总数的 65% 以上；从高技能人才中直推长庆劳模，每年划分 3~5 个指标，从两级技能专家中推选长庆劳模，近年来已有 15 人获评劳动模范，高技能人才激励机制逐步形成；加大创新成果奖励，将生产一线员工创新创效成果纳入公司科技进步奖奖励范畴，每年专项拨款 100 万元重奖优秀创新成果，有效提升了员工参与创新的主动性和积极性；拉大业绩奖金差距，高技能人才较一般岗位高出10%~50%，是后勤岗位的1.7倍左右，获聘中国石油技能专家的业绩奖金与公司二级正职持平，凸显多劳者多得、技高者多得的价值分配导向；实施“大工种”奖励，每年对取得第二工种水平类证书的奖励1000元，对取（复）得第二工种准入类证书的奖励2000元，持证并兼岗作业的，奖金上给予倾斜，激发工人队伍干事创业的热情。

（3）建立典型培养机制，营造全员争先氛围。长庆油田注重“抓骨干、带一片”的工作思路，将典型培养作为推进全员素质提升的核心。坚持“以铁人精神培育长庆铁人”，强化劳模评选向重大工程倾斜、向急难险重倾斜、向业绩好单位倾斜、向贡献突出单位倾斜、向一线艰苦岗位倾斜；大力弘扬劳模精神、劳动精神、工匠精神，注重劳模作用发挥、注重劳模持续培养、注重劳模成长成才、注重劳模关心关爱，切实发挥劳模先进的示范引领作用；着力打造石油名匠，通过在全员中讲述事迹选先进、群众打分评先进、自主申报推先进，培育了全国技术能手杨玲、杨义兴，以及享受国务院特殊津贴技能人才孟亚丽，陇原工匠梁东平，陇东工匠齐振乾，三秦工匠魏诚、杨玲等，增强了争先创优的感召力，引领更多工人走技能成才、技能报国之路。

第四章

“三个三”工作法的运行机制

长庆油田始终坚持把创新作为引领发展的第一动力，把劳动和技能竞赛作为助推企业发展的重要抓手，持续推动劳动和技能竞赛的理念创新、机制创新、方式创新、载体创新，在不同历史时期，赋予了劳动竞赛新的内涵，使劳动竞赛以其参与的广泛性、内容的针对性、形式的多样性和成效的凸显性，在企业生产经营和各项管理活动中彰显出不可替代的生命力和活力。

在工作实践中，“三个三”工作法遵循新时代劳动和技能竞赛特定的运行逻辑与机制，使其更好地融入企业的各项管理活动，在企业高质量发展中发挥了重要作用。本章将从“三个三”工作法内涵的“五个机制”创建入手，结合案例系统地讲述“三个三”工作法如何落地。

一、协同组织机制凝聚发展合力

为了推动劳动和技能竞赛有序开展，长庆油田工会通过创新组织模式、优化管理方式、扩大竞赛外延，发挥了党政工团齐发力的整体优势，形成了企地共建的良好模式，提升了竞赛的针对性、实效性、参与性，实现了从单一企业到多方参与、从逐年开展到阶段推进、从跨越发展到高质量发展的重要转变，通过精细化的协同组织机制，不断扩大劳动和技能竞赛的覆盖面。

1.“一盘棋”运行机制

基本原则：多方配合、共同参与。

工作特点：全局和专项相结合、长期和阶段相结合、劳动竞赛和技能竞赛相结合。

组织方式：党委领导、行政主抓、工会牵头、部门参与、基层落实。

目标制定：工会每年组织生产、科技、人事、安全环保、设备、油气勘探等业务部门，共同商议竞赛方案，明确竞赛目标、制定推进措施、细化考核项目，与生产任务、业绩目标和考核相区分，形成跳一跳、够得着的竞赛目标。

劳动竞赛委员会：设在工会，全面负责主题劳动竞赛活动的组织领导和重大问题协调解决，审议竞赛开展重大事项、重要政策、重点活动等内容，指导竞赛顺利开展。其工作职责包括：负责制定下发竞赛方案；负责组织相关部门做好竞赛指标的分解、下达，做好过程监督，严格阶段考核，推动竞赛全程受控、高效推进；负责开展阶段性总结工作，督促竞赛进度，掌握竞赛成效，宣传竞赛成果；负责根据竞赛效果做好考评工作，提出总结评比和奖励方案；负责组织开展竞赛总结表彰。

组织特点：坚持目标导向，以突破生产指标为重点；坚持需求导向，以适应改革发展为重点；坚持效果导向，以提升发展质量为重点；坚持问题导向，以破解发展难题为重点；坚持创新导向，以改进机制方法为重点。

长庆油田每年以一项全局性劳动竞赛为引领，开展60余项专项竞赛，建立全员、全专业、全过程覆盖的立体式竞赛格局，确保了生产运行有保障、重点工作有方案、急难险重有措施，以重大工程项目建设为重点开展专项劳动竞赛，例如，建设“西部大庆”、“奋战153天、实现2505万吨”、“陇东千万吨级油气生产基地”、“岗位建功‘十四五’、发展实现高质量”等重点竞赛；以重点工作为内容，逐级开展“提速增产、控本增效”、“共克时艰保上产、提质增效促发展”等专项竞赛，构建了点、线、面结合共抓的竞赛格局。

（1）建设“西部大庆”劳动竞赛。

该项竞赛的意义在于：组织 21 个中石油企业、172 个单位、20 万员工参与的新时期国内最大规模油气大会战，打造了协同开展劳动竞赛的新标杆。

2011—2013 年，在全国总工会的领导下，中国能源化学地质工会、中国石油天然气集团公司联合开展为期三年的建设“西部大庆”劳动竞赛，先后打破了 162 项施工纪录、刷新了 289 项建设指标，创造了“三个月建成一座联合站、一个月建成一座集气站、10 天建成一座小型集输站、原油日产突破 6.5 万吨”的“长庆速度”，打造了竞赛规模最大、参建单位最多、结合中心任务最为密切的竞赛模式，成为地方工会、产业工会、企业工会工作的切入点、着力点和落脚点，劳动竞赛的系统性和科学性有了重大发展。

根据地域、行业、现状分别开展专项竞赛，

细化目标，集中突破，划分为油气生产单位、工程技术单位、服务保障单位三个层面，通过业务不同，分四个系列开展。

石油上产竞赛：围绕原油生产任务，按照“点面并重、深挖细找、精细管理、提高单产”的工作思路，紧扣“老井稳产、措施增产、新井上产、服务保障促上产”四项内容，赛储量、赛产量、赛安全、赛管理、赛创新，掀起原油上产新高潮，确保全年原油生产任务的圆满完成。

天然气上产竞赛：强化“增储上产、日常管理、安全环保、基层建设”四项内容，落实岗位责任制、强化现场管理，把生产任务指标作为竞赛考核指标，层层分解，落实到岗，加强考核，深化冬季天然气生产管理，在切实完成竞赛节点任务的同时，全面增强冬季保供增气能力。

工程技术竞赛：以“内提素质、外强管理”为目标，加快钻井及施工进度，提高工程质量，强化特低渗透油气藏、致密性天然气储层的科研攻关及技术研发、支撑，开展群众性经济技术创新、“安康杯”竞赛及女员工巾帼建功活动，提高工程技术效率、降低安全风险、实现节能减排。

服务保障竞赛：突出生产制造与物资供应、深化矿区生活服务与建设、强化服务保障与效率、提升质量管理与能力建设，确保生产平稳、安全环保、和谐稳定。持续加强两级机关及服务保障从业人员作风建设，在业务工作中注重效能，在保障措施上强力推进。

（2）“奋战153天、实现2505万吨”石油上产专项竞赛。

该项竞赛的意义在于：劳动竞赛成为解决发展矛盾的“金钥匙”。

2014年，长庆油田原油产量达到了年初以来的最高上产幅度，重点工程按照目标要求稳步推进，安全环保形势持续保持稳定。同时，油田公司新井投产进度整体减缓，部分区块油田开发矛盾凸显，进入主汛期后生产保障难度加大，使原油生产面临较大压力。

公司工会通过劳动竞赛这个“法宝”，紧扣“提质增效”主题，以竞赛为载体，以激励为目的，以完成2505万吨原油生产任务为目标，设置“新井钻试投、精细管理、混合水体积压裂、油区综合治理”四个分项劳动竞赛，以“管好每一口井，管好每一条管线，管好每一个站，提升每一名员工素质”为内容，抓节点控制，比措施进度，赛工作绩效，实现安全、有序、高效运行，取得了立竿见影的效果，全面完成了年度原油生产任务。

（3）“加快建设千万吨级油气生产区”劳动竞赛。

该项竞赛的意义在于：推动劳动竞赛成为带动地方经济发展的和谐号和推动陇东油区高效发展的复兴号。

2018 年，在国际油价断崖式下跌、油田发展与地方财税收入面临严峻形势的背景下，长庆油田和省市政府主动应对挑战、抢抓历史机遇，以“和谐典范、模范油区”为主线，在陇东油区联合开展了“加快建设千万吨级油气生产区”劳动竞赛，加强企地合作、和谐共进、共谋发展，走出了一条企地共建共享的新路子。通过劳动竞赛的持续推进，拓宽了企地共建通道，构建了企地和谐关系。陇东油区全体参战将士及广大劳动者攻坚啃硬、拼搏进取，战风沙、斗酷暑，以超常规的艰苦努力和不懈奋斗，加快了陇东油区千万吨级油气生产区建设，并取得了丰硕的成果。竞赛涉及陇东油区 7 个油气生产单位、8 个辅助单位，3 万余名员工及建设者，以“加快建设千万吨级油气生产区”为目标，以“提质增效谋发展，共建和谐新陇东”为主题，强化竞赛组织、创新工作模式、提升生产效率、加强队伍建设，推动了陇东油区生产建设优质运行，安全环保卓有成效，发展质量持续提升，和谐建设深度推进的发展局面。

（4）“提速增产、控本增效”全年全员全过程劳动竞赛。

该项竞赛的意义在于：把党的创新理论及主题教育成果转化为推进发展的生动实践。

2019 年，为深入推进“不忘初心、牢记使命”主题教育成果转化，公司工会牵头组织开展了“提速增产、控本增效”全年全员全过程劳动竞赛，分勘探、原油、天然气三个竞赛小组，在油气田生产单位、生产保障和科研单位中开展了专项劳动竞赛，引领广大员工瞄准目标、坚定信心、鼓足干劲、勇挑重担，有力地促进了油气当量提前五天硬过半的竞赛任务的实现。首次通过分组竞赛的方式，促进不同业务之间相互竞赛，打破了之前只能在同类业务之间开展竞赛的限制，分别组织开展了四项不同类型劳动竞赛，提振了发展信心，坚定了发展信念，加大了油区勘探开发力度，推动了天然气开发利用。

（5）“共克时艰保上产、提质增效促发展”主题竞赛。

该项竞赛的意义在于：疫情防控与生产经营两手抓、两手硬、两不误。

2020 年，是长庆油田开发建设 50 周年，面对新冠疫情带来的不利影响，公司党委进一步贯彻习近平总书记关于大力弘扬石油精神和大力提升勘探开发力度的重要批示精神，在油田上下联防联控抗击疫情、有序推进复工复产，推动各项工作步入良性循环的基础上，打好勘探开发进攻战，推动生产运行驶入新轨、产能建设高效启动，科学有效地把疫情对生产建设的影响降到最低，助推长庆 6000 万吨生产高效起步，确保了疫情防控期间生产平稳。

（6）“岗位建功‘十四五’、发展实现高质量”全国引领性劳动和技能竞赛。

该项竞赛的意义在于：突破自我、敢于挑战，能源的饭碗必须端在自己手里。

2021 年，长庆油田在充分调研论证的基础上，研究确立了油田“十四五”及中长期发展的思路目标和六大战略体系，明确了 2025 年油气产量当量突破 6800 万吨、2035 年油气产量当量突破 7000 万吨、21 世纪中叶建成国际一流的现代化油公司三步走发展目标。在全国总工会、甘肃省总工会、中国能源化学地质工会、中国石油集团公司的领导下，20 余万产业工人扎根鄂尔多斯盆地，“线上 + 线下”48 个生产现场同步启动、主战单位与协战单位同频共战，推进长庆油田高质量发展迈上新征程。

突破认识——全力增储上产，构建新型能源格局。加大资源勘探，突出抓好风险勘探、规模增储、效益勘探、储量管理，搭建鄂尔多斯盆地油气勘探协同开放共享大平台；油气稳产上产，优化生产组织过程控制，全面提升基础管理水平，确保生产运行高效组织；加快低碳转型，加快新能源发展的战略部署，立足全产业链节能降耗，统筹做好清洁替代，推动企业低碳减碳向零碳负碳转型。

突破技术——强化技术保障，激发油田发展动能。大力实施创新驱动战略，建立科技总体规划，加大关键核心技术的研发投入力度和高科技人才队伍建设，不断提升科技自主创新能力，以高质量科技供给为高质量发展提供战略支撑；集中资源优势，开展协同共建、联合攻关，夯实基础技术管理，着力解决油田勘探开发“卡脖子”难题，持续刷新工程建设新纪录；强化服务保障，坚持“一体运作、一体联动、一体攻坚”，不断加大装备和技术更迭力度，深化科技成果转化，提高科研投入力度，提升服务水平，优化保障能力。

突破管理——注重安全防控，保障生产平稳高效。突出重点行业领域风险研判管控，常态化开展事故隐患排查与整治，建立风险管理系统，全方位抓好安全生产工作，防范和遏制各类事故的发生；持续开展绿色企业创建活动，巩固绿色矿山创建成果，完善精细管理、突出精准治污，全面保护黄河流域生态环境，筑牢绿色发展根基。以健康企业建设为载体，倡导健康工作生活方式，不断提高劳动者健康素养，切实保障职工生命健康安全。

突破瓶颈——优化素质提升，全面激发竞赛活力。传承石油工业红色基因，加强理想信念教育，从竞赛中培育典型，在全员中营造劳动光荣的社会风尚和精益求精的敬业风气；将培训、练兵、比武、晋级、激励有机融合，持续拓宽职工成长路径，着力开展职业技能竞赛活动，增强职工提升业务素质和综合能力的主动性；培养懂技术、会创新、善协作的产业工人队伍，以高质量创新创效成果增强企业竞争力、优化劳动生产率、提升行业发展水平。

长庆油田竞赛活动以促进生产经营、推动技术进步和促进企业发展为目标，以班组竞赛为基础，以提高员工技能水平和增强员工创新能力为重点，鼓励和引导员工诚实劳动、勤奋劳动、创新劳动，坚持长期与突击、临时与长效相结合，确保竞赛与发展紧密结合。通过创新组织，优化管理，形成了高效竞赛管理模式，改变了以往工会组织劳动竞赛单打独斗、缺人缺钱、实工虚做的被动局面，实现了劳动竞赛“考核+评比、业绩+兑现、慰问+调研”的“一盘棋”全程管理、协同组织、广泛参与。

2.“三联”竞赛组织模式

当前劳动和技能竞赛的运作主体仍然是工会，新时代劳动和技能竞赛要广开思路，充分吸纳各种社会资源，“开门办劳动竞赛”的开放性思路能够更好地整合社会资源，科研院校和企业等第三方机构的介入、行业协会的积极参与能够使劳动竞赛更具专业性。经过多年实践和推进，长庆油田通过企地共建、单位互补、行业互助，集中优势力量开展劳动和技能竞赛，跨区域、多单位、长战线、广覆盖的重点竞赛层出叠现，为推动长庆油田发展和支撑地方经济建设做出了重要努力。

在企地联动上，油气生产对保障国家能源安全、促进地方经济发展有着重要的意义，更离不开地方和企业共建共享、共同发展的理念与实践。长庆油田始终牢记“创和谐典范、建西部大庆”的发展理念，积极参与“和谐模范油区”建设，科学规划油区发展蓝图，油气田生产建设不仅需要先进的技术、科学的管理和广大员工的不懈努力，更需要企地双方的相互理解、相互支撑和同心同德的共同奋斗，加强与驻地政府及相关部门的联系，建立定期工作联络、协调沟通、通力合作的共商共建制度；坚持把企地共建、参与地方扶贫攻坚大局、支援地方科教文卫事业、造福地方百姓作为竞赛的重要内容，结合本单位员工队伍及各类资源优势，制定切实可行的和谐模范油区竞赛方案。

在区域联动上，将劳动和技能竞赛作为系统性工程推进，打破专业限制，汇聚整体合力，拧成一股绳，劲儿往一处使。按照油田发展战略，强化顶层设计，注重统筹协调，充分整合、发挥地缘优势和资源优势，注重系统竞赛、系统协作，联合陇东油区油气生产、辅助保障、后勤服务全部单位，围绕竞赛中心目标，按照“生产建设、勘探开发、科研攻关、油气输送、水电供给、生活保障”等内容，分层逐级开展“全员硬上产”、“勘察设计”、“水电春检杯”、“油区零发案”等分项竞赛，在油气上产的攻坚期、冬季保供的关键期、提质增效的突破期，围绕重要工作、重点工程开展短平快的分竞赛，通过区域联动，持续拓宽竞赛领域，创新竞赛模式。

在优势联动上，集中生产、管理、技术、保障优势资源，深入生产一线开展现场指导办公，缩短工作链条、加快问题整改、提高工作效率，确保生产运行各个环节顺畅衔接。连续三年组织油气生产、勘探开发、机关部门和科研单位业务骨干成立上产帮促组、老油田技术支撑组，深入生产一线加大生产运行协调、现场难题攻关，推动了产能建设和油气田开发的大提速。集合优势力量组织相关专家、骨干、能手成立油气上产、工程建设、技术服务、勘探评价专项工作组，进驻一线开展帮促帮扶，使勘探与开发无缝对接、设计与施工无缝衔接、产建与投产无缝对接、采油气和输油气无缝对接，加速了产建、产能到产量的进程。采用竞赛联络制、部门负责制和机关干部蹲点制，紧扣生产“脉搏”、密切干群联系，打破管理瓶颈、提升技术上产效能。

二、队伍培育机制挖掘发展潜力

新时代劳动和技能竞赛工作以充分发挥产业

工人队伍主力军作用为出发点和落脚点，通过平台式、项目式、团队式、行业式的劳动竞赛，用丰富多彩的形式不断拓宽劳动竞赛领域，运用系统工程思想，将创新创效活动作为整体加以协调。在竞赛方式上，创新运用多种竞赛形式，与员工培训结合起来，从体力型竞赛向智力型竞赛、单纯生产型竞赛向经营管理复合型竞赛转变，不断创新竞赛的内容与载体。

1. 竞赛 + 创新创效：提升创新素质

统筹协调创新创效活动从会战初期为解决生产难题号召大家出主意、想办法，到为提高运行效率引导全员提建议、搞革新，以新发明、新工艺、新技术的持续创新丰富了劳动和技能竞赛的本质内涵，节约了成本、优化了管理、提高了效率，增强了劳动竞赛的效果。

创新工作室作为基层职工开展创新的基础单元，有效地推动了大众创新、集体创新、联合创新。长庆油田注重提高员工技能水平，通过完善群众性经济技术创新成果评审奖励办法、劳模和工匠人才创新工作室管理办法等制度，积极开展创新创效、合理化建议智能型专题竞赛，形成了三项管理机制、四级阵地建设、“八有一建立”阵地建设模式、“四个一”工作机制和“534运行机制”建设，创新成为劳动竞赛的效果倍增器，使员工创新创效工作从员工爱好发展成为制度化、体系化、全员化的工作品牌，营造了大众创新的良好氛围。

（1）抓创新阵地建设。

线上阵地：“展学研产用”一体化的线上创新联盟。

线下阵地：一个具备展示、交流等功能的永久性创新教育基地、创新成果展示平台，两个国家级创新联盟，13个省部级工作室，23个公司级工作室，47个厂处级工作室。

三项管理机制：创新工作室管理办法、创新成果评审奖励办法、“五小”成果转化实施意见。

“八有一建立”阵地建设模式：有一个领衔人，有创新团队，有工作场地，有运行经费，有攻关项目，有解决生产难题，有创新成果，有交流培训，建立一套管理制度。

（2）抓创新制度建设。

“四个一”工作机制：两年一次成果展，每

年一次成果评审、推荐一批科技进步奖、推广一批创新成果。

“534运行机制”：坚持工作有条件、攻关有人才、管理有制度、运行有费用、安全有保障五个原则，项目申请、项目运行、项目考核三个流程，公司工会、厂处工会、大队工会、工作室四级管理。

自2010年以来，长庆油田连续举办五届员工“五小”成果展，引导近万名员工参与创新成果980余项，375项成果广泛应用于生产一线，累计取得经济效益超3亿元，逐步形成了体系化政策支持、多层级典型带动、全方位阵地培育运行模式。同时，长庆油田工会通过优选创新成果，积极组队参加中国石油职工创新成果展、陕西省职工科技节、全国创新发明成果、世界发明创新论坛等省部级以上创新创效成果展活动，获省部级大奖300余项，建立了系统化、多层级、立体式的创新展示平台，拓宽展示渠道，强化技术交流。“复杂流程集约化、专用设备通用化”已经成为“五小”创新的主攻方向，“小而管用，新而实在”的全员创新成为提质增效的重要力量。

2. 竞赛 + 培训：提升业务素质

将劳动和技能竞赛与员工技能培训、高师带徒、班组、工艺、操作规程结合起来，帮助岗位成才，促进技术进步。坚持每年在竞赛期间承办陕甘宁及集团公司员工职业技能大赛，不定期组织专项技术比武、预案演练及岗位练兵活动，营造了浓厚的“学知识、学文化、强技能、强素质”氛围，为竞赛高效开展打造素质高、技能强、业务精的员工队伍。

以赛促训，搭建“线上 + 线下”的立体式培训平台。逐级分解竞赛内容，制定完备的岗位练兵及竞赛培训计划，培训种类涉及技能操作、应用技术、应急演练、形势教育、企业文化等多方面，实现了全员覆盖、人人参与的目标，形成了由学到练到考的完整闭环，全方位提升职工整体素质。依托西安、银川 2 个实训基地和 3 个培训学校优势，坚持在竞赛期间主办油田公司各类技能大赛或承办甘肃省、集团公司等省部级员工职业技能大赛；依托 58 个油田一线区域培训中心，以及各单位培训室、创新室、练兵房，持续性开展岗位员工技能培训、技能养成、预案演练和岗位练兵活动。针对不同岗位、不同层次的员工，找准技能上的“弱项”，组织员工分时间、分内容、分岗位进行全方位技能培训。由技术骨干、专业技术人员针对员工在生产过程中遇到的问题，进行现场讲解，使员工准确掌握处置问题的方法，将标准化操作落实到位。每年近千期业务培训班覆盖全部专业，实现了人人皆培训，缺什么、补什么的素质成长导向更加鲜明。

以赛促学，拓宽“理论＋实操”的全方位练兵平台。组建“青年讲师团”，邀请青年技术骨干深入现场，为青年员工讲解工艺操作基础、设备运行原理、安全环保知识等内容。完善导师带徒机制，按照月度培训计划“职工学、师傅教、工区考”，为检验培训效果，每月结合培训内容进行考试，结合考试成绩对师徒落实月度奖励和考核并进行公示，检验青年员工学习成果，做到“人人有所学、事事有所教”，全方位提升职工素养。针对员工培训需求，开拓培训思路，抓住关键节点、难点，实现个性化的专项技术辅导。将常规培训与技术培训相结合，不断提高全员技能操作水平。3000余对“师徒结对”让技术在传承中发展，评选技师、特级技师、首席技师2369名，项目制攻关、团队化合作、专业式培养为高技能人才成长拓宽渠道。

边赛边训，打造“交流+比试”的多层次竞赛平台。通过积极创新培训形式，持续提升培训实效。在常规的学习基础上，由劳模创新工作室牵头，充分发挥高技能人才领军作用，组织技师授课，对操作规程进行讲解交流，加深职工对流程操作的印象，全面提升职工现场基础技能操作水平。拓展数字化运维、油藏动态分析、一线生产创新等特色竞赛项目，培育了50余名省级技术标兵、近千名公司级技术能手，在全国采油工竞赛中荣获集体和个人一等奖。

“竞赛+培训”模式用培训、竞赛夯实基础管理工作，以管理手段抓好培训、竞赛开展。同时，制定严格的培训考核管理制度，落实竞赛目标，将精细管理融入全员素质提升中，实现培训管理多层级、培训内容多角度提升，发挥了劳动和技能竞赛“大学校、大练兵、大比武”的阵地作用，在全面提高全员技能素质的基础上，激励广大员工在创新驱动、转型发展的主战场勇当排头兵。

三、评估激励机制激发发展活力

建立科学的劳动和技能竞赛评估激励机制是检验劳动竞赛成效和推动竞赛发展的有效措施。长庆油田通过多年的实践，探索建立了科学的劳动和技能竞赛先进评选指标体系，建立劳动成果、劳动贡献与物质利益、社会荣誉相统一的激励机制，通过精神物质相结合的激励机制激发参与者的责任和热情，健全完善劳动竞赛荣誉体系，形成长效机制。

1. 竞赛先进评选机制

为确保年度竞赛先进总结评比工作有序开展，提高竞赛先进指标分配的科学性、准确性，长庆油田工会将竞赛评估指标分为考核类、否决类、加分项三类 11 项指标，制定了劳动竞赛先进评选办法，明确了先进评选基本条件和评选原则、确定先进类别及数量、分配方法四个方面，充分调动了参赛单位和员工的积极性，使竞赛真正成为促进工程建设、提升管理水平的有效手段。

（1）先进评选基本条件。

“优秀组织单位”基本条件：劳动竞赛组织健全，管理工作制度化、规范化、长效化；组织开展多种形式的劳动竞赛活动，全面完成劳动竞赛各项任务指标，广泛开展技能竞赛活动和群众性经济技术创新活动；通过高效竞赛管控促进本单位生产建设指标全面完成，综合排名在公司前列的厂处级单位。

“立功集体”基本条件：劳动竞赛开展有计划、有措施、有保障，劳动竞赛组织协调有力，宣传动员到位，竞赛内容丰富，检查考核有效，各类竞赛指标全面完成，创造出显著生产经营效益，在竞赛中综合排名靠前的科室、作业区、班组。

“立功个人”基本条件：积极参加本单位竞赛活动，立足本职工作苦干实干、勤奋工作、无私奉献，充分发挥先锋作用，在急难险重关键时刻带头作用突出，在本职岗位上做出显著成绩，受到广泛赞誉的个人，二级以上管理人员不参评。

先进评选程序：为减少竞赛组织部门的工作

量，竞赛先进指标分配确定后，由各竞赛组织部门依据先进指标分配至各二级单位，公司工会统一组织竞赛先进评选工作。具体流程如下：

①基层单位推荐：一是厂（处）单位工会自下而上民主推荐，汇总初审候选名单；二是会同厂处纪检、安全环保、信访稳定、综合治理、保密等部门审核；三是厂处竞赛领导小组审核通过；四是在厂处网站进行5个工作日公示；五是报送公司工会。

②公司审核：一是公司工会汇总初审候选名单；二是会同公司纪检、安全环保、审计、信访稳定、综治、保密等部门对候选名单进行联审；三是提交竞赛领导小组审核；四是在公司工会网站进行5个工作日公示；五是下发表彰文件。

③否决条件：年度未完成竞赛指标、发生重大安全生产事故、环境污染事件、违法违纪案件、综合治理、信访稳定事件，造成严重后果的参赛单位或个人不参与先进评比。

（2）先进类别及数量。

先进类别及数量由公司工会组织竞赛参与业务部门召开劳动竞赛协调会议，根据会议讨论结果，结合年度指标完成情况分析，统筹考虑生产建设任务重、安全环保形势复杂、提质增效目标趋紧、增加新能源业务等多重因素。按照突出业绩导向，强化正向激励，向生产一线倾斜、向主营业务倾斜、向重点工作倾斜的原则分配。劳动竞赛评估指标如表1所示。

表1 劳动竞赛评估指标

指标	项目	分值	考核内容	分值
考核类指标	方案拟定	15	方案科学合理，围绕形势任务、重点工作设置竞赛内容和目标，确保竞赛活动贴合实际、措施明确、切实可行。	5
			竞赛方案完善，有组织、有考核、有评比方案及办法，确保竞赛全程受控。	5
			竞赛组织机构健全，职责分工明确，作用发挥明显。	3
			竞赛启动及时，确保宣传到位，员工参赛全覆盖。	2
	竞赛组织	60	生产经营：竞赛紧踏工作节点计划，助推生产、建设、勘探、经营、管理等竞赛目标全面完成。	20

续表

指标	项目	分值	考核内容	分值
考核类指标	竞赛组织	60	运行管理：竞赛开展高效有序，党工团组织优势发挥到位，确保工作有部署、活动有安排、过程有落实，各类资料准确完善。	10
			安全环保：不定期深入一线开展检查指导，结合“安康杯”竞赛等主题活动，开展安全环保教育和宣贯，确保安全环保无事故。	10
			综合治理：全员参与劳动竞赛，员工队伍和谐稳定，确保企业大局稳定，原油生产内外部环境良好。	10
			疫情防控：防疫知识宣传到位、防控措施落实到位、生产生活保障到位，员工队伍稳定、工作生活有序，无疫情输入、扩散事件。	10
	过程管控	10	不定期开展竞赛过程督查，确保竞赛全程受控。	3
			适时开展“送文化、送温暖、送关怀、送清凉”等多种形式的竞赛慰问和激励活动，保持积极的竞赛士气。	2
			结合工作重点和实际，开展创新创效、合理化建议、技能竞赛等群众性系列活动，提升竞赛效果和质量。	3

续表

指标	项目	分值	考核内容	分值
考核类指标	过程管控	10	竞赛参与部门友好协作、沟通顺畅，确保工作共通、信息共享、上下共振。	2
	宣传报道	5	利用网络报刊微信等媒体，及时宣传动员，注重舆论引导，有效调动员工的积极性和参与热情。	2
			及时宣传竞赛动态，注重经验学习交流，扩大竞赛群体效应，营造积极的竞赛氛围。	3
	总结评比	10	开展竞赛总结梳理，注重经验方法总结和问题分析。	2
			开展竞赛评比表彰，先进评选程序严格、过程公正、符合要求，表彰工作注重精神鼓励和物质奖励结合。	8
否决类指标	安全环保		竞赛期间发生重大安全生产事故、环境保护事故等问题的单位和个人，不参与竞赛总结评比工作。	0
	综合治理		竞赛期间发生重大综合治理、不稳定群体性事件，造成严重后果的单位不参与总结评比工作。	0
加分项	竞赛效果		竞赛成效显著，超额完成竞赛目标。	5

续表

指标	项目	分值	考核内容	分值
加分项	宣传报道		在省部级、国家级重要媒体发布竞赛消息、先进事迹，形成良好的社会效应。	2
	经验总结		形成先进的竞赛经验，并在公司级以上重要会议上进行分享和交流。	3

公司工会按照用工总量（权重30%）、业务占比（权重20%）、竞赛参与率（权重20%）、竞赛指标完成率（权重30%）四项指标的权重综合测算。

（3）先进评选原则。

先进申报遵循“三均衡三不准”。三均衡：不同的单位类别、工作层级、岗位工种均衡分配指标，达到总体平衡，扩大正向激励；三不准：不准随意扩大推荐指标，不准随意调整操作员工身份比例，不准未经部门联评上报先进，对审核把关不严存在问题的个人和集体取消参评指标，不予补报。

名额分配实行“两挂钩五倾斜”。两挂钩：与用工总量、竞赛指标挂钩；五倾斜：向生产科研单位倾斜、向一线艰苦岗位倾斜、向基层操作员工倾斜、向竞赛指标完成的单位倾斜、同类别单位向生产规模大的单位倾斜。

坚持重素质、看业绩、比贡献的价值导向：以各单位生产建设、经营运行为重点，从竞赛业绩突出的立功集体、个人中，推优推荐4个集体、4名职工参评公司年度模范集体和劳动模范。

实践经验表明，量化考核标准要避免评价标准的单一化、简单化，要把评价贯穿竞赛的整个过程。建立竞赛考评制度，是检验劳动竞赛成效和推动竞赛发展的有效措施。根据劳动竞赛内容和目标，制定科学的竞赛考评方法和指标体系，量化竞赛考评工作，做到科学化、规范化、制度化。竞赛考评要着眼于提升劳动竞赛的水平，把竞赛方案制定、竞赛活动开展、竞赛目标任务实现等纳入考评范围，把劳动竞赛在提升员工素质、推动技术进步、促进服务保障中所发挥的作用作为评估重点，促进竞赛活动深入扎实开展。竞赛考评要坚持原则性和标准性，把考评工作的过程作为发现典型、总结经验、查找不足、改进工作的过程。同时要坚持走群众路线，充分听取员工对竞赛活动的意见，并把员工意见作为考评劳动竞赛的重要依据和改进措施，有效地解决了以往劳动竞赛考核指标不明晰，评比随意性较大的问题。

2. 竞赛表彰奖励机制

新时代劳动和技能竞赛奖励要坚持精神鼓励与物质奖励相结合的原则，使员工得到的荣誉与取得的业绩、得到的奖励与作出的贡献相适应，让员工分享竞赛成绩和企业发展成果。做好竞赛评比奖励工作，是建立劳动竞赛激励机制的重要方面，对调动员工参赛积极性具有重要作用。把阶段性评比奖励与全过程评比奖励、单项评比奖励与综合评比奖励、个人评比奖励与集体评比奖励有机结合起来，做到经常化、制度化。长庆油田工会以工作业绩、竞赛效果为重点，加大竞赛考核结果应用，通过向竞赛奖励、评先选优、慰问关爱等工作倾斜，为竞赛高效开展集聚动力。

例如，在建设“西部大庆”劳动竞赛中，采取一次性考核、分层面评比、多层次表彰的办法，由公司工会（建设“西部大庆”劳动竞赛委员会办公室）牵头，协同相关职能部门组成四个考核小组，分别对四项竞赛进行考核、评比，经竞赛委员会办公室汇总审核后提交公司劳动竞赛委员会进行表彰奖励。表彰奖励分三个方面进行：

一是油田内部劳动竞赛表彰。油田内部劳动竞赛共设集体一等功 10 个、二等功 20 个、三等功若干，公司所属各二级单位参评；由竞赛委员会在竞赛结束后根据四项竞赛业绩及各参赛单位情况，逐类逐项分配立功集体指标。竞赛同时设立功个人 400 名，按照“向一线倾斜、向生产倾斜、向急难险重倾斜”的原则，由竞赛委员会根据各参赛单位工作业绩、员工总数，分配指标。

二是“创和谐典范、建西部大庆”劳动竞赛表彰。甘肃省总工会采取即时授予的方式，公司所属各二级单位均可参评，由公司竞赛委员会择优评选，报甘肃省总工会审定。

三是全国总工会建设“西部大庆”劳动竞赛表彰。全国五一劳动奖状从油田内部劳动竞赛一等功集体中产生；全国五一劳动奖章从油田内部劳动竞赛二等功集体以上（含二等功）员工中产生；全国工人先锋号在各基层单位层层推荐的基础上，由公司竞赛委员会择优评选，报中国能源化学工会审定参评。

表彰奖励方式包括：立功集体奖励标准由工会和人事部门参照业绩考核办法，拿出奖励意见并报公司党委、行政研究，一次性拨发；立功个人均给予奖励，并颁发荣誉证书。获得全国及甘肃省五一劳动奖状、五一劳动奖章、工人先锋号的单位，根据全国总工会及甘肃省总工作安排，另行表彰。

长庆油田为大力表彰竞赛活动中涌现的先进集体、先进员工和优秀创新成果，开展先进直推工作，把引导员工弘扬工人阶级伟大品格和劳模精神贯穿竞赛活动的全过程，公司工会每年从劳动竞赛立功个人和集体中划拨 4 个个人和集体，直推公司劳模和模范集体工作，让竞赛成效在表彰层级上得到充分体现。为了凸显竞赛效能，加大竞赛奖励力度，公司工会每年积极争取行政支持，申请竞赛奖励经费 200 余万元，通过大力表彰劳动竞赛 10 个优秀组织单位、80 个立功集体、150 个立功个人，在全员中树立看业绩、评绩效、重履职、讲贡献的价值导向，让员工参与竞赛、支持竞赛、重视竞赛的力度更大。

3. 劳动竞赛慰问机制

以竞赛业绩激励人，各级工会针对阶段性指标完成情况开展激励慰问活动，及时组织竞赛效果突出的表彰性慰问和竞赛实施困难较大的鼓励性慰问，并根据生产实情适时组织文化慰问活动，每年行程4000余公里、慰问基层站点近60个、慰问一线员工家属2万余人，激发了全员劳动热情，营造了浓厚的竞赛氛围。

在近几年的劳动竞赛组织过程中，通过关注员工需求，强化氛围营造，长庆油田有针对性地进行了措施调整，形成了以“六送”为主要内容的劳动竞赛慰问模式，即送一封慰问信、送一笔慰问金、送一份慰问品、送一场慰问演出、送一项免费服务、送一场体育活动。通过“六送”的形式督导竞赛，形成了“考核+评比、业绩+兑现、调研+帮促”的运行机制，营造“比学赶帮超”的良好氛围，解决了劳动竞赛组织过程中管理不到位、班组作用不明显、典型作用不突出的问题，凝聚了“士气不衰、干劲不减、持续奋战”的攻坚合力，确保在劳动竞赛组织过程中，党政工团广泛发动，广大干部员工上产积极性、主动性、创造性充分发挥，使劳动竞赛成为促进各项工作整体推进的良好载体。

例如，2014 年“奋战 153 天、实现 2505 万吨”期间，公司工会为一线 19 个最为艰苦的油气生产作业区送去了 190 万元的慰问金，组织长庆艺术团深入靖边、环江、燕鸽湖等各大油气区开展了 70 场次的慰问演出活动。特别在夏季劳动竞赛期间，公司工会对日产突破一千吨的 9 个采油作业区实行“送一封慰问信、送 10 万元慰问金、演一场文艺节目”的慰问活动，极大地鼓舞了员工上产热情。2023 年“岗位建功‘十四五’、发展实现高质量”全国引领性劳动和技能竞赛期间，着力打造慰问品牌工作，对上产最困难、位置最偏远、竞赛成效好的 200 余个站点进行慰问，按照基层需求，形成慰问套餐，以细致入微的温暖关怀提振队伍士气。

四、评选先进机制提升发展动力

长庆油田把科学选树劳模作为做好劳模工作

的首要环节，在劳动竞赛的科学发展、科技创新进程中选树劳模，通过搭建劳模选树平台、规范劳模评选机制、实施劳模旗帜工程、完善劳模激励机制。

长庆油田打破以单位性质、单位人数、个人成绩评判劳模先进的惯例，通过劳动竞赛把选树标准向党建、生产、经营全方位拓展，形成“六挂钩六倾斜三控制”的推荐原则，使劳模先进从生产科研单位、一线艰苦岗位、基层操作职工、产量效益好的单位、重点科技项目与重大工程项目中诞生，真正把业绩突出、事迹感人、组织肯定、群众认可的先进典型推选出来，让选树的典型形象更加丰富和立体。同时，根据生产建设和重点工程核心任务，以全局劳动和技能竞赛为载体，引导全员在看贡献、比业绩、拼素质的竞赛成效中发现典型、争当典型、培育典型，并适时向急难险重任务中涌现的先进典型倾斜，及时把群众创新创效、生产抗洪抢险、驻村扶贫帮困、外地驰援救灾等急难险重任务中涌现的先进典型推荐为公司劳动模范。让身边人成为劳模精神、劳动精神、工匠精神的践行者和讲述者，进一步提升了全员当劳模、做工匠、辛勤劳动的自主性和自发性。

1. 搭建劳模选树平台

近年来，长庆油田突出职工在油田发展中的主体地位，在竞赛、竞争中选树劳模，面向基层岗位主阵地，在群众性的素质大提升活动中选拔劳模。长庆油田把培育技能型、创新型职工队伍作为劳模选树的基础，广泛开展了“技术大培训、岗位大练兵、技能大比武”活动，搭建“咱们工人有技能才更有力量”的竞技平台。开展了岗位之间的“操作比拼”大练兵，井区之间的“技术对抗赛”，连续30年举办厂（处）、油田公司职工职业技能大赛，承办了30余次省部级职工职业技能大赛，建立了五级练兵比武选拔机制，推动了基层一线劳模的脱颖而出。自2011年以来，有3万人次参加技术比武，1.8万人进行了技术等级鉴定，212人获得省部级技术状元、技术能手称号，高技能人才占操作职工总数的比例由2008年的23%提高到了32.8%。涌现了一大批技术能手、创新人才、能工巧匠。

面向科技创新主平台，在科技创新工程中发

掘劳模。长庆油田多井低产的现状决定企业发展的出路在于科技创新和效益开发。科技人员是长庆油田创新驱动、转型发展主战场的排头兵，也是劳模产生的重要群体。油田公司积极构建“1277”科技创新体系（12 项关键技术、7 项配套技术、7 项开发试验），制定了《专业技术人员培训规划》，出台了项目攻关奖励制度和科研成果奖励制度，每年还投入 3000 多万元用于技术创新扶持计划，围绕公司低成本战略和科技创新战略，组织科技人员开展专题技术攻关竞赛，集中攻克提高油气单井产量、提高采收率等技术瓶颈，在勘探开发核心技术、数字化管理集成技术方面实现重要突破。形成以集团公司高级技术专家为龙头，油田公司技术专家为骨干的人才、劳模团队。

2. 规范劳模评审机制

劳模评选标准：政治过硬、业务领先、工作模范、业绩突出、群众公认。

劳模是一个时代的风向标，劳模标准的与时俱进，体现着企业的价值导向、道德规范和行为准则。计划经济时期劳模评选大多要求超额或提前完成计划指标，长时间加班加点的一线劳模成为劳模主体，结构比较单一；转轨时期选拔劳模强调政治过硬，突出“在生产经营中作出重大贡献”，由于管理经营干部在改革中的作用日益重要，管理者当选比例较大。在企业管理人性化、职工思想活跃化、队伍结构多元化的今天，简单套用以前评选标准已不能完全覆盖职工队伍，不能完全体现时代精神和长庆实际，需要用新的评选标准传导油田的价值导向，体现时代的发展要求，赢得职工的响应支持，推动各个层面、各个领域的职工立足岗位，奋勇争先，争当劳模。油田公司结合创业、创新、创优的劳模精神，把“政治过硬、业务领先、工作模范、业绩突出、群众公认”作为劳模先进性、时代性、代表性的标准，既侧重一线职工、平衡管理干部，又保证科学技术、廉洁从业、公安保卫、党群组织等各领域的先进分子，把更多职工身边的普通劳动者选拔为劳模先进，使奉献型、知识型、科技型、创新型劳模成为劳模主体，体现了先进评选的激励、引导、辐射作用。

劳模评选原则：“三倾斜一控制”。

“三倾斜”：向生产和科研一线单位倾斜。根据经营业绩、管理幅度、管理难度等因素，将考核单位分为特、一、二、三类，劳模分配指标按每类相差千分之五的比例确定；向基层操作和服务类职工倾斜。按照基层操作和服务类职工55%、技术人员25%、管理人员20%的比例评选劳模；向女职工和特殊群体倾斜。女职工先进占职工总数的25%左右，少数民族先进占到一定比例，以确保面上平衡和重点突出。

“一控制”：严格控制领导干部劳模，局级干部不参加油田公司先进评选，处级干部劳模人选由人事组织部门按业绩考核结果和职工总数6%的比例推荐。

“三倾斜一控制”进一步体现了重视基层、面向一线、突出业绩的评选工作导向。

劳模评选办法：“两推四审两公示”。

“两推”是指群众推选，党委推荐。“四审”是指推荐单位职工代表大会或职代会联席会议审议劳模人选，上报油田公司工会对劳模的构成、资质进行初审汇总，人事纪检、安全计生等业务部门对劳模推荐人选基本情况进行联审把关，公司党政联席会议进行复审通过。“两公示”是指推荐人选在本人所在单位公示，在油田公司公示，广泛听取意见，落实职工在评选过程中的知情权、参与权和监督权。这个办法体现了自下而上的群众路线和逐级审核的组织把关原则，保证了过程公开、程序合规，解决了“怎么把先进选出来”的问题。

3. 实施劳模旗帜工程

树立劳模形象，引导劳模在岗位创业中发挥作用。刻画具有时代特征、长庆特色和岗位要求的劳模形象，是提高劳模号召力、影响力和感染力的重要前提。一是全面回顾历史，系统总结长庆劳模典型，分别评选了 10 名长庆英雄、长庆铁人、长庆金花、创业时期十面红旗、新时期十面红旗，以长庆发展史的典型人物和标杆集体为代表，形成了长庆劳模群体的总体印象和形象图谱，从中提炼出了长庆劳模特质和精神内涵。二是每两年开展“感动长庆先进典型”评选活动。已三次评选油田公司十大标兵、十大科技尖兵、十名岗位明星、十大管理能手、十大道德楷模，分类整理出了新时期不同战线、不同岗位劳模的鲜活形象。三是坚持开展年终总结评比工作，每年选树 300 名公司劳模、优秀管理技术干部和优秀职工，100 个公司模范集体和先进集体，并在科技创新、廉洁从业、公安保卫、企业文化等各条战线上选树先进典型，不断推出新的劳模形象。通过油田公司网页、电视、报纸、新媒体四大媒体开展不间断的宣传，通过出版《长庆英雄谱》等劳模先进事迹汇编、拍摄《二十岁的大山之油田卫士陈小军》等劳模电视短片、组织国家级媒体进行采访、组织劳模典型事迹巡回演讲等活动，广泛宣传长庆油田的大会战、大场面和劳模的新作为、新风貌，把广大职工凝聚到工人伟大、劳动光荣的崇高价值追求上来，倡导劳动光荣的价值理念和忠诚企业、敬业爱岗、严格执行的职业操守。

固化劳模品牌，引导劳模在岗位创新中发挥作用。油田公司坚持以劳模姓名命名劳模的先进操作法、技术绝活、先进管理方法和发明创造成果，在实现自身价值中增强劳模的内在激励，并对广大职工产生持久的示范带动效应。第一采油厂职工王潜忠连续多年研究水套炉热洗，为油田节约成本近千万元，油田公司将这一成果命名为“潜忠热洗法”；木二转女子站站长马琴把小站当成家庭来管理，油田公司编印了《马琴日记——班站长工作手记》一书；工人发明家程少春多项发明成果获得国家专利，油田公司建立了“程少春创新工作室”。从“周阿妮亲情管理法”到“侯宁盘根盒”，从“梁庆辉四化培训法”到“景仲峰井口快速试压工具”，从2006年长庆油田公司自主命名的“郭秀玲站”到2010年集团公司命名的中国石油十大班组“刘玲玲站”，油田公司先后编辑出版了《基层建设管理十法》、《职工技术创新100例》等书籍，将职工探索实践的管理、技术经验总结整合为标准工作流程和技术应用体系，把70余项优秀成果和优秀团队打造成为“劳模品牌”，把120余项职工先进操作法、技术革新成果进行了推广应用。通过推广劳模工作经验和工作方法，增强了劳模魅力，固化了劳模品牌，强化了示范效应，激发了广大职工“我为祖国献石油”的使命感和荣誉感。

打造劳模窗口，引导劳模在岗位创优中发挥作用。一是建设劳模教育基地。长庆油田从时代性、贡献性、精神性的高度梳理打造了塞一井、陕参一井、好汉坡、流芳亭、郭秀玲站等长庆油田十大教育基地和“三爱”教育基地，将好汉坡、功勋井等人格化，树立为长庆红旗，形成精神文化的物化载体，使其成为传承劳模精神开展政治教育的工作平台，践行社会主义核心价值体系的宣传阵地，凝聚职工力量的工作品牌。二是打造劳模形象窗口。建设长庆展馆阵地群，通过创业实景再现、劳模人物雕塑、劳模墙、群英谱、劳模故事等形式，集中展示长庆劳模的辉煌业绩，强化职工历史意识，把在本职岗位上创造一流业绩的普通职工名字镌刻在了油田发展史上，使之成为承载长庆工人阶级光荣历史的形象“窗口”，推动了劳模精神的代际传承与不断发展。

讲述劳模故事，引导劳模在思想引领中发挥作用。先后制定了14项规章制度，坚持每月刊发竞赛简报，先后在长庆油田公司网站、报纸、电视台、新媒体平台同步开设劳动竞赛专题专栏，在中央电视台、新华网、《工人日报》等媒体不定期宣传竞赛活动，每年超过2200篇文字消息，600多条视频新闻的大规模、多层次宣传动员，持续增强了竞赛活力。在“岗位建功‘十四五’、发展实现高质量”全国引领性劳动和技能竞赛期间，通过建立“月简报、季通报、年总结”的信息报送机制，发布30余篇竞赛简报，300余份竞赛信息，梳理了经验与成绩，促进了沟通与交流，为掌握竞赛动态、调整竞赛重点发挥了关键作用。60余家媒体走进气田了解冬季天然气保供的不易，2000多篇新闻报道将笔触对准火热的劳动竞赛场面和无私奉献的油田职工，通过讲好长庆故事，让更多的人听到油田声音、感知油田发展。

4. 完善劳模激励机制

一是物质奖励方面。修订印发了《长庆油田公司劳动模范等荣誉称号管理办法》，确定了公司劳模、省级劳模、全国劳模等荣誉称号的界定标准和管理程序，为劳模管理提供了政策支持和制度保障。大幅提高了劳模先进表彰奖励的政策待遇，落实了劳动模范、高技能人才代表每年外出疗休养的优抚措施；落实了劳模年度慰问、困难救助优先照顾的政策待遇。属于困难户、特困户的劳动模范，每年每户发放困难救助金、家庭就学子女救助金，按照分别高于困难户、特困户救助金1500元的标准执行，提高了劳模生活保障水平。通过给荣誉、给待遇、给机会、给地位，激励职工争当行动楷模，勇做时代先锋，保持职工队伍的先进性。

二是精神鼓励方面。坚持每年四项劳模选树宣传活动，做到年初开展先进表彰、年中组织劳模座谈、年终进行总结评比，全年进行先进宣传，形成崇尚劳模、学习劳模、重视劳模、关爱劳模的浓厚氛围。在此基础上，放大劳模激励效应，推荐劳模参选油田所在省区党代表、人大代表、政协委员，组织近百名劳模先进在人民大会堂参会或受奖，提高劳模的社会地位。

三是工作激励方面。充分发挥劳模作用是对劳模的最大激励，也是产生持久性、深层次、根本性的内在动力。通过疏通劳模成长渠道，在传统的管理晋升通道基础之上，增加了科技、技术和特长三个成长通道，劳模职业发展不仅限于管理晋升，通过技能、技术的发展或者获得国家省区荣誉称号也可以获得肯定。出台了《油田公司基层自主创新成果评审奖励办法》，对职工发明创造中的劳模给予重奖或设立“劳模创新工作室”，对荣获省区技术状元、技术标兵称号的劳模晋升技师或破格晋升高级技师，出版劳模事迹、职工创新等专题丛书，奏响了“劳动最光荣、劳动最崇高、劳动最伟大、劳动最美丽”的时代强音。

五、服务保障机制增强发展实力

新时代劳动和技能竞赛保障机制建设对于干部队伍和干部素质提出了更高要求，以强大的文化感召和舆论引导，汇聚正能量、振奋精气神，团结奋斗是我们战胜一切困难、推动劳动竞赛的力量之源，不断提高思想政策水平和指导工作能力，做好各项服务保障，争取竞赛的主动权。

1. 强化思想保障

坚持“思想就是力量”理念，高举习近平新时代中国特色社会主义思想伟大旗帜，以强烈的政治责任感和使命感，深刻感悟延安、南梁等革命老区红色文化，持续建设和发展全国爱国主义教育示范基地、延安精神示范教育基地，引导广大职工践行“忠诚担当、创新奉献、攻坚啃硬、拼搏进取”的长庆精神，把思想和行动统一到“我为祖国献石油”的崇高使命中，突出“示范岗、先锋号、突击队”引领作用，着力抓基层、打基础、促发展，为劳动竞赛增添动力。

坚持“文化也是生产力”理念，打造基层竞赛文化，广泛在油区一线悬挂竞赛标语、张贴竞赛通报、发布竞赛动态，层层传递竞赛压力，以积极有力的舆论引导坚定了发展信心。各级工会利用网络、报刊、电视传统媒体和“两微一端”等新型媒介，积极跟进新闻宣传，为竞赛活动鼓劲造势。同时，积极利用办公楼、食堂、宿舍、井站宣传栏，张贴竞赛标语、成果通报，层级传递竞赛压力、处处营造竞赛氛围，引导全员做到认识统一、行动自觉。

坚持“宣传就是明向”理念，通过设立“撸起袖子夺上产”、“大干九十天，实现软过半”、“为国争气”、“聚焦勘探”等竞赛专栏发布稿件800余篇，拍摄“夺油先锋”、“走进一线”竞赛专题100余篇，紧抓工会宣传阵地，积极向工会系统媒体宣传竞赛亮点、交流竞赛经验、通报竞赛成果，增强了员工的竞赛参与意识，促进竞赛目标的责任落实，引导全员目标同向、勠力同心，充分发挥竞赛凝聚激励、攻坚克难、建功立业和素质提升作用，鼓励全员以坚定的信心、饱满的热情、强有力的措施支撑油气生产运行。利用融媒体优势，制作了竞赛宣传短片《潮头奋楫再扬帆》、《攻坚，尽锐出战》等短视频，通过长庆视频号积极推送，不仅受到了广大员工的高度关注，还在全国总工会“喜迎二十大，建功新时代”劳动和技能竞赛短视频征集活动中获得一等奖。

2. 强化队伍保障

长庆油田工会始终坚持“干工会就要爱工会、知工会、懂工会、谋工会”，把建设政治立场坚定、业务能力过硬、群众观念牢固、工作作风严谨的高素质工会干部队伍，作为保证工会工作持续健康发展的关键。建立工会干部系统化培训机制，引导工会干部在服务发展、服务职工、服务基层中勇担新使命、展现新作为，培养有思想、有担当、有正气、有能力、有方法、有形象的“六有”工会干部。

不同历史时期，工会干部和积极分子队伍的建设无一例外都是做好工会工作的前提和基础。他们以饱满的热情和高度的责任感，在团结广大职工共建宏图伟业的进程中发挥着重要的作用，不仅活跃在日常的工会工作中，而且还在党和国家重大事件的参与甚至引领中彰显责任和光芒。工会通过开展工会干部交流、问卷调研等形式，了解工会干部工作、生活的有关情况，通过专题培训、业务进修、专项沟通等途径，努力提高工会干部开展劳动竞赛能力和水平。开展基层工会干部三年培训计划，确保培训全覆盖，推动从“单一性培训”向“下沉式轮训”转变，转化为30余项课后实践，发起“我的业务我来讲”活动，开展“送培训下基层”活动，基层工会活力不断增强。

3. 强化服务保障

长庆油田工会坚持“以民声改善民生”，把普惠服务作为竭诚服务职工群众、提升竞赛获得感的重要载体，聚焦构建完善工会普惠服务工作体系总体目标，采取试点先行、项目运作、分工推进的思路，设置了全面启动、巩固提高、扩面提质三年阶段任务，科学制定工作方案，从职工最操心、最忧虑、最迫切的实际问题入手，编制普惠清单，细化了6个方面措施、10项重点内容、29条具体路径，明晰了项目推进时间表、路线图，确保了三年工作有计划、有目标、可衡量，切实为职工群众做好事、办实事、解难事。

坚持“一户一策、精准帮扶”，将打赢脱贫攻坚战作为重要政治任务，建立“三个推动、三个一批”脱困解困机制，打造“春送慰问、夏送清凉、金秋助学、冬送温暖”四送品牌，通过精准帮扶彰显长庆温度。坚持一张蓝图绘到底，建立六项服务体系，实施互助联盟、爱心洗衣、暑期托管等服务试点300余项，线上线下相结合的法律服务、心理关爱等方式延伸服务臂膀，“爱我长庆”集体婚礼、“会聚良缘”青年鹊桥、“春风行动”女工免费体检等品牌活动拓宽服务半径，全面保障10项全员福利，不断搭建线上普惠平台，集中力量办大事，营造了心齐气顺的竞赛氛围。

第五章

经验启示与未来展望

习近平总书记从国家战略大局出发，先后作出“大力提升勘探开发力度”、“能源的饭碗必须端在自己手里”等一系列指示批示。长庆油田劳动和技能竞赛“三个三”工作法，是油田会战不同历史阶段经验总结和传承的成果，体现了中国石油在保障国家能源安全中的责任与担当，展现了数万名员工在鄂尔多斯盆地战天斗地、苦干实干的劳动热情和精神风貌。长庆油田作为国内油气产量最高的油气田，有责任为党分忧、为国尽责、为民奉献，通过劳动和技能竞赛吹响高质量发展的冲锋号，书写中国式现代化发展的石油篇章。

一、国企开展劳动和技能竞赛的经验启示

第一，创新开展劳动和技能竞赛，坚持石油企业强根铸魂不动摇，引导广大长庆职工听党话、跟党走。作为党之长庆、国之长庆，长庆油田必须牢牢把握“国有企业是党执政兴国的重要

支柱和依靠力量”的定位，将劳动和技能竞赛作为践行习近平新时代中国特色社会主义思想的重要实践，增强“四个意识”、坚定“四个自信”、做到“两个维护”。一以贯之完整、准确、全面贯彻新发展理念，在履行政治责任中坚持不懈用习近平新时代中国特色社会主义思想凝心铸魂，大力弘扬劳模精神、劳动精神、工匠精神和石油精神，用竞赛的方式诠释“劳动最光荣、奋斗最美丽”，汇聚起万众一心加油干的磅礴力量，切实发挥工人阶级主力军、生力军作用，永葆“石油工人心向党”的政治本色，为奋力推进油田高质量发展凝聚强大精神合力。

第二，创新开展劳动和技能竞赛，坚持保障国家能源安全不动摇，为实现中华民族伟大复兴贡献石油力量。长庆油田贯彻落实“四个革命、一个合作”能源安全新战略，全心全意依靠工人阶级做优做强国有企业，发现了国内最大的10亿吨级页岩油大油田，建成了6500万吨特大型油气田和国内首个500亿立方米战略大气区，同时以“双碳”目标为牵引，不断提升天然气产量占比，加快新能源业务发展，打造了苏里格气田、姬塬油田“零碳”示范区，增强清洁能源供应稳定性。因此，必须通过劳动和技能竞赛开展在短时间内解决民生所需、国家所急的重大项目和重点工程，突出创新驱动，打造国家创新高地；突出价值创造，深化提质增效，力争多作经济贡献；突出安全绿色发展，守护黄河安澜；突出成果共享，推动企地融合发展，助力乡村振兴，维护好最广大人民根本利益，用长庆速度、长庆效益、长庆规模、长庆贡献展现新时代国有企业责任担当。

第三，创新开展劳动和技能竞赛，坚持推动产业工人队伍建设改革不动摇，打造一支有理想守信念、懂技术会创新、敢担当讲奉献的石油工人队伍。助力员工当好企业主人翁，积极营造尊重劳动、热爱劳动的氛围，将竞赛目标与生产任务、日常工作相融合，强化精准考核、正向激励，让员工更有获得感。认真学习贯彻《工会法》，增强员工依法维权意识，保障员工的知情权、参与权、表达权、监督权。坚持把员工对美好生活的向往作为奋斗目标，拓宽服务员工途径，解决员工急难愁盼，通过服务更好地汇聚起

“热爱长庆、奉献长庆、奋斗长庆”的磅礴力量，当好基业长青百年长庆建设的主力军。

综上所述，企业工会必须把握发展方向、总结过往经验、提炼工作逻辑、健全体制机制，通过劳动竞赛凝聚人心、汇聚民力，石油企业才能始终保持强大而旺盛的生命力、战斗力，才能一路闯关夺隘、不断发展壮大。

二、“六个结合”奏响竞赛主旋律

长庆油田坚持以习近平新时代中国特色社会主义思想为指引，全面贯彻落实党的二十大精神，围绕资源勘探、油气开发和新能源三大主业，紧扣“长庆大、长庆强、长庆壮、长庆美、长庆长”的时代特征，坚定不移推进“134”发展方略，紧扣“六个结合”进一步通过劳动竞赛丰富建设世界一流大油气田的时代内涵，用更加开阔的视野、更加务实的举措、更加高效的工作，推动油田公司综合实力和核心竞争力不断提升，努力建设世界一流中国式现代化大油气田。

始终坚持劳动竞赛与产业工人队伍建设改革结合，始终坚持“三服务一加强”引领，将劳动竞赛作为提升素质的“练兵场”、成长成才的“大舞台”，全力打造石油系统大国工匠，将劳动竞赛与人才强企工程相结合，注重在劳动竞赛中发现、培养、选拔人才，广泛开展技能竞赛，加强生产实践锻炼，打造一批技艺精湛、一专多能的“石油名匠”。着力培育创造型产业工人，鼓励员工立足岗位参与创新、挖掘潜力，以创新增效让劳动提升价值。开设工匠课堂，举办创新专班，探索“白大褂＋红工衣”创新模式，组织“揭榜挂帅”，促进“联合破题”，加快成果转化，以点带面推动高质量发展。

始终坚持将劳动和技能竞赛与油气增储上产相结合，持续加快新能源与油气业务融合发展，以“压舱石”工程为引领，建立油田良好开发秩序，以苏里格气田稳产工程为重点，持续巩固500亿立方米稳产上产基础，进一步厚植发展优势，夯实资源基础，构建安全高效的现代能源供应体系，矢志不渝发挥保障国家能源安全“压舱石”、“顶梁柱”作用。

始终坚持劳动竞赛与绿色低碳发展结合，树立“减碳、用碳、替碳、埋碳”理念，推进3个百万吨 CCUS 基地建设，实现新能源业务弯道超车、追赶超越。大力推进节能降耗，通过地面系统优化简化、伴生气及试气回收利用等项目，从源头减少能耗和碳排放。科学开发工业余热及地热资源，探索完善以 CCUS 为核心的“碳中和”技术路径。

始终坚持将劳动和技能竞赛与科技创新相结合，围绕科技是第一生产力、人才是第一资源、创新是第一动力，推动以科技创新为核心的全面创新，以革命性的对策、措施和办法推动页岩油上产，加快国家重点工程实验室实体化运作，部署推进重大基础研究，集中力量攻关关键核心技术，形成更多以长庆油田为代表、具有中国特色和自主知识产权的先进技术系列，打造低渗透非常规油气勘探开发原创技术“策源地”。

始终坚持将劳动和技能竞赛与纵深推进企业改革相结合，与时俱进完善中国特色现代企业制度，全面推进合规体系建设，加快三项制度改革落地，推进组织体系优化和生产组织模式创新，强化投资项目全生命周期效益管理，加快形成与世界一流企业相适应的管理架构、与高质量发展相适应的管控模式、与市场化要求相适应的运行机制，努力为能源企业可持续发展打造更多可借鉴的实践经验。

始终坚持将劳动和技能竞赛与发展为民惠民相结合，聚焦员工群众关心的热点难点问题，大力实施安业、安康、安居、安心、安养行动，不断提升员工群众获得感、幸福感和安全感。支持公益事业，促进民生改善，打造更加包容、开放的合作平台，在地企和谐发展中保障能源供应、带动地方经济发展。常态化开展乡村振兴帮扶、生态保护、捐资助学和志愿者服务活动，提升群众幸福指数，促进地企互融共促、和谐共赢。

后 记

《“三个三”工作法：以劳动竞赛促进企业高质量发展》是“中国工会创新工作法”丛书之一。

本书主要聚焦长庆油田工会通过实施“三个三”工作法推动企业高质量发展的典型经验，为各企业工会提供参考。在本书写作过程中，写作团队参考了陕西省总工会、甘肃省总工会、宁夏回族自治区总工会、内蒙古自治区总工会及中国石油兄弟企业相关工作资料，特此表示感谢。参加本书编写的主要人员有：李战明、余浩杰、王琛、牛天军、王宜光、丁小丽、张晔、常夏玮、蒲亚明、马斌、李鹏波、刘敏、曹霄晨、米顺林、李盼星，牛天军、张晔负责了本书的审定工作。

由于编者水平有限，本书难免存在不足和疏漏之处，诚恳欢迎广大读者批评指正。

图书在版编目（CIP）数据

“三个三”工作法：以劳动竞赛促进企业高质量发展 / 中国石油长庆油田分公司工会编著. —北京：中国工人出版社，2023.10
ISBN 978-7-5008-8263-3

Ⅰ.①三… Ⅱ.①中… Ⅲ.①石油化工企业–工会工作–西安 Ⅳ.①D412.6

中国国家版本馆CIP数据核字（2023）第174127号

“三个三”工作法：以劳动竞赛促进企业高质量发展

出 版 人 董 宽
责任编辑 周子欣 罗荣波
责任校对 张 彦
责任印制 栾征宇
出版发行 中国工人出版社
地 址 北京市东城区鼓楼外大街45号 邮编：100120
网 址 http://www.wp-china.com
电 话 （010）62005043（总编室）
（010）62005039（印制管理中心）
（010）62382916（工会与劳动关系分社）
发行热线 （010）82029051 62383056
经 销 各地书店
印 刷 北京中科印刷有限公司
开 本 787毫米×1092毫米 1/32
印 张 4.25
字 数 60千字
版 次 2024年3月第1版 2024年3月第1次印刷
定 价 38.00元
